2017—2018年
优秀商标代理案例评析

◎ 中华商标协会 编著

知识产权出版社
全国百佳图书出版单位

图书在版编目（CIP）数据

2017—2018年优秀商标代理案例评析/中华商标协会编著. —北京：知识产权出版社，2019.6
ISBN 978-7-5130-6301-2

Ⅰ.①2… Ⅱ.①中… Ⅲ.①商标—代理（法律）—案例—中国 Ⅳ.①D923.435

中国版本图书馆 CIP 数据核字（2019）第 115453 号

内容提要

本书收录了 2017—2018 年 7 个大类（诉前的商标异议、驳回复审、无效宣告和有关驳回复审、无效宣告、撤销复审的行政诉讼及侵权不正当竞争诉讼）的 25 个经典且颇具开创性的商标代理案例，由亲历个案的商标代理人或办案律师对案情进行了回顾，总结代理思路技巧和心得体会，并对其中的典型法律意义进行了剖析。

读者对象： 从事商标代理或诉讼的从业者和对商标品牌研究、维护感兴趣的学者和企业家。

责任编辑：卢海鹰　可　为	责任校对：谷　洋
封面设计：韩建文	责任印制：刘译文

2017—2018 年优秀商标代理案例评析

中华商标协会　编著

出版发行：知识产权出版社有限责任公司	网　　址：http：//www.ipph.cn
社　　址：北京市海淀区气象路 50 号院	邮　　编：100081
责编电话：010-82000860 转 8335	责编邮箱：kewei@cnipr.com
发行电话：010-82000860 转 8101/8102	发行传真：010-82000893/82005070/82000270
印　　刷：三河市国英印务有限公司	经　　销：各大网上书店、新华书店及相关专业书店
开　　本：720mm×1000mm　1/16	印　　张：11.25
版　　次：2019 年 6 月第 1 版	印　　次：2019 年 6 月第 1 次印刷
字　　数：130 千字	定　　价：50.00 元

ISBN 978-7-5130-6301-2

出版权专有　侵权必究
如有印装质量问题，本社负责调换。

编 委 会

主　　编：马　夫

执行主编：臧宝清

编　　委：赵　颖　张静玉　郭　琨　彭小盼

序 言

习近平主席在 2018 年博鳌论坛的主旨演讲中指出,"加强知识产权保护,这是完善产权保护制度最重要的内容,也是提高中国经济竞争力最大的激励。"习主席不仅强调了中国加强知识产权保护的坚定立场,也向世界展示了在风云激荡的国际环境下对中国知识产权保护成就的充分自信。在世界关注的目光中,中国对知识产权保护愈加重视,知识产权保护力度前所未有,知识产权保护成效有目共睹。

中华商标协会(以下简称"协会")作为全国商标品牌领域的专业性、行业性组织,始终围绕国家知识产权政策导向,以知识产权强国战略、商标品牌战略实施为主线,充分发挥社会组织的平台作用。为持续提升代理机构参与及服务知识产权案件的水平和能力,协会通过举办多种形式的学术交流、代理机构的专业培训及业务能力考试,引导商标代理机构诚信、规范经营,提高商标代理行业的总体业务水平和社会公信力。

为树立优秀案例标杆,充分发挥优秀案例示范指导效应,自 2015 年以来,协会每年举办优秀商标代理案例评选活动,以梳理和回顾商标领域年度重大事件。本书是该系列第二本出版物,收录了 2017—2018 年度获奖的优秀商标代理案例,涵盖了各种行政授权确权、商标诉讼案件类型。从这些案例中，我们既能直观感受到商标代理人高超的代理水准和专业素质，也能从中感受到他们为案件所付出的辛勤努力。希望本书的出版，能够为广大商标代理人起到良好的示范效应，帮助商标代理人进一步提升业务能力和水平，也为从事商标品牌研究、关心商标品牌事业发展的业界同仁提供参考。

最后，向一直以来关心协会工作的各级领导、各界专家、行业同仁表示由衷感谢，正是你们的支持和肯定促成了这一系列丛书的面世。协会也期待与各位有更深入的交流合作，共同创造中国知识产权保护更美好的明天。

马夫

2019年5月10日

目　录

第一部分　诉前案件

◇商标异议案◇

美术作品著作权保护问题的探讨
——"虾小渚"商标异议／3

商品化权保护在商标异议程序中的实践
——"猫力乱步"商标异议案件／11

外国地名在中国的保护
——日本冈山县县名"OKAYAMA"商标不予注册案／18

从商品到服务看驰名商标保护的跨度
——"三立人"商标异议案／23

◇商标驳回复审案◇

关于新型商标类型声音商标审查的探讨
——"宝马声音商标旋律"商标驳回复审案 / 30

整体上具有区别于地名的含义的商标,不违反地名禁用条款
——记"滨州港""PORT OF BINZHOU"及图等五十二件系列商标驳回复审案 / 34

◇商标无效宣告案◇

对非物质文化遗产的商标权保护探讨
——"正则绣"注册商标无效宣告案 / 40

核准超过10年的商标在无效宣告程序中的法律适用问题
——"皮皮鲁"商标无效宣告申请案 / 48

商标无效宣告口头审理案件的探讨
——"BOLIMO"与"搏力谋"商标无效宣告口审案件 / 54

"西红花"注册商标无效宣告申请案 / 62

关于以不正当手段取得商标注册的探讨
——"亿佰欧"商标无效宣告申请案 / 67

《商标法》第四十四条第一款中的"其他不正当手段"的合理适用
——第12749716号"张氏太极"商标无效宣告案 / 73

第二部分　诉讼案件

◇ 商标驳回复审行政诉讼案 ◇

克里斯蒂昂迪奥尔香料公司与国家工商行政管理总局
　商标评审委员会关于国际注册第 G1221382 号立体
　商标驳回复审行政诉讼案 / 81

外文商标显著性的判断标准探讨
　　——评析第 17236720 号 "seafoam" 商标驳回复审
　　行政诉讼案 / 86

◇ 商标无效宣告行政诉讼案 ◇

商标无效宣告程序起止期限的探讨
　　——"金陵超妍" 商标无效宣告行政诉讼案 / 94

"图 & 全季酒店" 商标无效宣告行政诉讼案 / 99

违背诚信原则，"祁门红茶" 商标终被宣告无效
　　——"祁门红茶" 地理标志证明商标无效宣告
　　行政诉讼案 / 106

老字号 "周虎臣" 获 "跨类" 保护
　　——周虎臣商标无效宣告行政诉讼案 / 112

◇ 商标撤销复审行政诉讼案 ◇

贴牌加工证据是否构成有效商标使用证据
　　——"CHARTER CLUB"商标撤销复审行政诉讼案 / 120

◇ 商标侵权及不正当竞争诉讼案 ◇

使用注册商标构成侵权的认定及民事责任
　　——菏泽汇源罐头商标侵权案 / 127

从美孚农药案看已注册驰名商标的侵权判赔及"刺破公司面纱" / 132

从"新华字典"案看未注册驰名商标的侵权判赔问题 / 141

"老字号"商标在先使用权的保护
　　——"麦香村"商标侵权及不正当竞争民事诉讼案 / 148

惩罚性赔偿制度在商标侵权案件中的适用
　　——"GFLA"商标侵权案件 / 154

安德阿镆诉福建廷飞龙侵犯商标权及不正当竞争纠纷 / 163

第一部分
诉前案件

◇商标异议案◇

美术作品著作权保护问题的探讨
——"虾小弟"商标异议

报送单位：山东千慧知识产权代理咨询有限公司
撰稿人：陈文

一、案情介绍

（一）基本事实

"虾小弟"图形是济南全城购贸易有限公司（异议人）委托设计师独创设计的图形。2015年4月6日，异议人与设计师签订"虾小弟LOGO标识"的设计合同，2015年4月10日，"虾小弟"图形初稿设计完成并定稿。

异议人及其关联公司济南虾小弟餐饮管理有限公司共同经营"虾小弟"餐馆。在餐馆开业前，异议人在全国寻找适合的小龙虾原料提供地，最终选定湖北省潜江市华山水产食品有限公司（被异议人）养殖的小龙虾，后来异议人的"虾小弟"餐馆一直与被异议人合作，由被异议人供应小龙虾。

异议人"虾小弟"图形定稿后在宣传材料设计期间，异议人员工就已将最新的虾小弟包装设计、制作文件及导图等文件以邮件的形式发送到被异议人员工邮箱，期间还曾从被异议人处购买部分小龙虾制品，后期也陆续多次从被异议人处进货。

被异议人于 2015 年 4 月 13 日申请注册第 16699847 号"虾小弟"商标（被异议商标），指定使用在第 29 类"虾酱；小龙虾（非活）；龙虾（非活）；甲壳动物（非活）；多刺龙虾（非活）；虾（非活）；水产罐头；鱼（非活）；鱼制食品；鱼罐头"商品上。该商标于 2016 年 3 月 6 日初审公告，异议人于 2016 年 6 月 2 日委托山东千慧知识产权代理咨询有限公司向商标局提出异议申请。

（二）主要主张

异议人主要依据《商标法》第三十二条侵犯在先著作权规定，对被异议商标提出异议申请。商标局经审理认为，"虾小弟"美术作品"虾小弟"对"虾小弟"三个字进行了图形化设计，尤其是"小"字设计成"小龙虾"的背景造型，整个画面温馨俏皮，表现形式较为独特并具有一定的审美意义，应属于著作权法所保护的作品。异议人提供了作品设计师创作手稿、委托设计合同、微信支付设计款手机截图、设计师发给异议人员工的 LOGO 设计诉求问卷等证据材料，其中委托设计合同签订日期和设计师发给异议人员工的 LOGO 设计诉求问卷日期，均早于被异议商标申请日期，上述证据形成完整证据链，可以证明异议人享有虾小弟美术作品著作权。被异议商标与异议人享有著作权的美术作品完全相同，异议人提供的证据可以证明，双方存在购销关系，被异议人有接触异议人享有著作权的美术作品的可能性。由此，被异议商标侵犯了异议人在先著作权，违反了《商标法》第三十二条的规定，商标局作出不予注册决定。

（三）决定结果

商标局于 2017 年 8 月 11 日作出决定，认为被异议人未经许可申请注册被异议商标，侵犯了异议人在先著作权，依据《商标法》第三十二条、第三十五条之规定，决定第 16699847 号"虾小弟及图"商标不予注册。

二、代理技巧

我司接到异议人委托后，根据案件情况，确认通过主张在先著作权提起异议。

1. 主张被异议商标的申请注册损害异议人在先著作权，需证明如下法律事实：

（1）异议人在被异议商标申请日以前已经取得"虾小弟"图形的著作权；

（2）被异议商标与异议人图形构成实质性相似；

（3）被异议人有接触到"虾小弟"图形的可能性；

（4）被异议人存在主观过错。

2. 本案代理过程中的难点是在著作权侵权事实的认定上，我司将重点放在著作权侵权事实的认定要件上：

（1）异议人在被异议商标申请日以前已取得"虾小弟"图形的著作权；

（2）被异议人与异议人存在业务往来关系，有知晓"虾小弟"

图形的可能。

对于第一点，异议人虽委托设计师设计"虾滑"图形，但并未对该图形进行著作权登记，无直接的证据证明在先著作权的成立。我司与异议人进行多次沟通，以"虾滑"图形设计过程为主线，搜寻图形设计过程这一时间轴中所形成各种形式的证据材料，最终找到设计师手稿、设计合同、设计款微信支付截图、设计师与异议人公司员工之间的邮件往来等证据，证明著作权的成立。对于第二点，我司引导异议人提供其与被异议人员工之间通过邮箱、微信等各种方式进行沟通、交易的证据，证明被异议人有接触异议人在先著作权图形的可能性。最终两方面的证据形成了完整的证据链，得到商标局的支持。

实践中，在先权利被抢注的案例有很多。根据法律规定和相关司法解释，《商标法》第三十二条所保护的"在先权利"指被异议商标申请日前，权利人依法享有的除商标权以外的民事权利或者其他应予保护的合法权益，包括著作权、姓名权、名称权、专利权、商号权以及具备一定条件的"商品化权"。其中，侵犯在先著作权案件是此类案件中占比最高的，然而最终在先著作权能够成功对抗在后商标权的案例，数量并不多。事实上，企业通过商标监测很容易发现与自己著作权作品高度近似的商标，但是往往在对第三十二条的理解适用和证据收集环节出现了问题。

适用第三十二条保护在先著作权必须同时满足以下要件：

（1）要求异议人或利害关系人应当在被异议商标申请日以前已经通过创作、继承、转让等方式取得著作权；

（2）要求被异议商标与在先著作权作品相同或者实质性相似；

（3）要求被异议人有可能接触或者事实上接触过著作权作品；

（4）被异议商标的申请注册行为未经著作权人许可。

适用本条并不要求著作权作品具有影响力，但是要求被异议人有可能接触或者事实上接触过著作权作品。我司认为要满足此项要求，要求著作权人或者证明作品在被异议商标申请日以前已经公开发表，或者证明被异议人通过某种渠道，私下接触过尚未公开发表的作品。同时该要求也是出于对被异议人主观方面的考量，如果被异议人接触过或者有可能接触到著作权作品，那么其申请商标的善意就很难成立，被异议商标侵犯在先作品著作权的事实即可认定。该案中异议人员工给被异议人员工发送邮件的截图、异议人员工与被异议人员工之间的 QQ 聊天记录截图等证据都有效证明了本案被异议人接触过作品。广大企业在商业活动中要特别注意保留此类证据。

三、心得体会

首先，美术作品尤其是较为简单的美术作品是可以作为商标使用并通过注册获得保护的，这也是造成图形商标权与著作权冲突的主要原因。而在对美术作品著作权保护案件中，最难举证的是异议人或其利害关系人系在先著作权人这一事实。通常证据包括：著作权登记证书、最早发表作品的证据、创作作品的合同、文稿和确认书等。实践中，企业创作发表作品的证据往往不予留存，更别提办理著作权登记证书了。企业常常是遇到具体案件，在准备证据的过程中办理著作权登记，因版权局办理作品登记时只作形式审查，不作实质审查，故晚于被异议商标申请日登记的著作权登记证书的证明力相当低，在没有其他证据佐证的情形下，是无法直接被商标局接受的。虽然 2017 年 3 月 1 日正式施行的

《最高人民法院关于审理商标授权确权行政案件若干问题的规定》第十九条第三款中明确了"商标公告、商标注册证"可以作为权利人主张在先著作权的初步证据，充分考虑了权利人举证难的客观情况，为部分已将作品申请为商标的在先著作权人提供了新的举证思路。但即便如此，要作为定案证据仍需要配合提供前述的其他证据更为有利。尽管有行政机关的审查标准和法院的司法解释予以明确，但是实践中有关商标权和著作权的权利冲突认定问题始终是难点，分歧很大。毕竟对于两个合法权利的取舍是要尊重客观、公平的事实，而事实就需要以充分证据作为支撑。有鉴于此，我们建议企业创作完成作品之初就及时办理版权登记，同时务必留存有关作品创作（委托创作）、发表、宣传、使用的一切证据，形成知识产权的维权理念和档案管理体系，才能充分举证、有力维权。

其次，商标注册侵犯在先著作权成立的条件之一即为商标注册人有接触到在先著作权的可能性，具体可体现为著作权的公开发表或使用、商标注册人与著作权人存在关联关系等形式。商标注册人与著作权人之间存在关联关系需权利人提供证据证明，通常的证据形式包括：交易合同、发票、银行转账记录、信息交流记录等。

最后，本案中多次出现邮箱、QQ/微信聊天记录、微信转账记录等电子数据形式的证据材料，商标局均予以认可。随着各种信息交流方式的不断发展，在实践中数据电文的证据形式正逐步增加，但该种形式的证据因产生形式不够正式，极易被忽视，且容易丢失。因此，作为市场主体，在以电子数据形式进行沟通、交易时，需及时对形成的沟通记录及时保存、备份，以备不时之需。在遇到相关的行政案件或诉讼案件时，可通过对电子数据（包括电子聊天记录、往来邮件等，尤其包括聊天工具中显示双方身份信息的页面）进行公证或在网络电子证据保全平台进行保全的方式，固定证据形式，增强证据的真实性，向商标局/商评委/法院提交公证书或保全证明，在法院庭审时，还需向法院提交电子证据的原始载体（手机、电脑等）。关于电子证据，目前常见的电子证据的取证方式包括打印、拷贝、拍照摄像、制作司法文书、查封扣押和公证。❶ 对于电子证据的法定形式，法律还没有明确规定，但一般对于电子邮件、网页、微信、短信等有形电子文件的话，一般采用公证取证的办法，将其变成公证书的形式，对这些内容进行记录和证明。如果是对于IP问题、ASP、数据库、软件程序等抽象的电子数据，则一般需要申请司法鉴定，对专业问题进行判断证明，即以公证书或鉴定书的形式（含刻录光盘）向法院提交。此外，关于电子邮件的收集，除对当事人的计算机留存和下载的电子邮件进行收集外，司法机关可以向电子邮件服务器提供商收集证据，电子邮件服务器一般都如实记录了电子邮件的内容以及收发和提取日期时间。我国《互联信息服务管理办法》第十四条规定："从事新闻、出版以及电子公告等服务项目的互联信息服务提供者，应当记录提供的信息内容及其发布时间、互联网地址或者域名；互联网接入服务提供者应当记录上网用户的上网时间、用户账号、互联网地址或者域名、主叫电话号码等信息。"记录备份的保存时间为60日，并在国家有关机关依法查询时，予以提供，违者将受行政处罚，这为司法机关收集案件线

---

❶ 援引自王艳. 电子证据取证方式和策略［EB/OL］.［2019-02-16］. https：//wenku. baidu. com/view/deebbebb6137ee06eef91864. html.

索和证据提供了保障。❶ 当然,想要完全得到商标局的认可,仅提供电子证据是不充分的,还需提供其他物证、书证等形式的证据,如合同、发票、银行转账记录等,形成完整的证据链,才能最终形成有利于己方裁判的证据基础。

四、典型意义

本案属于典型的合作伙伴恶意抢注商标情形,实践中,企业在经营中经常会遇到这样的情况。权利人在进行美术作品设计时,需保留设计过程中产生的文件,以便在后期维权时作为证据使用。在设计完成后,要及时进行著作权登记,以官方形式保存作品图样及完成时间。本案通过商标局的不予注册决定书,让更多代理机构了解美术作品创作过程中可能出现的证据形式,积极引导客户做好相关证据的保存、收集、整理工作,以便在遇到相关案件时能提交合法有效的证据。

---

❶ 援引自宋小曦. 电子证据的收集与检验[EB/OL]. [2019-02-16]. https://lvshi.sogou.com/article/detail/TPCD425TLOHT.html.

商品化权保护在商标异议程序中的实践

——"猫力乱步"商标异议案件

报送单位：广州鸿方知识产权咨询有限公司

撰稿人：张照龙

一、案情介绍

（一）基本事实

被异议商标"猫力乱步"由烯客（上海）文化发展有限公司于2015年12月29日申请，分别申请注册在第39类的"交通信息、汽车出租、导游、旅行社（不包括预订旅馆）、旅行陪伴、观光旅游、旅行座位预订、旅行预订、安排游艇旅行、安排游览"等服务及第41类的"文字出版（广告宣传材料除外）、书籍出版、在线电子书籍和杂志的出版、提供在线电子出版物（非下载）、培训、组织文化或教育展览、除广告片外的影片制作、演出制作、广播和电视节目制作、电视文娱节目"等服务。第39类的第18742871号和第41类的第18742961号被异议商标"猫力乱步"的初审公告刊登于《商标公告》第1526期。

（二）主要主张

异议人王子川（艺名及笔名为"猫力"）于本案中主要主张

其系旅行主题畅销书《猫力乱步》的作者，异议人王子川对其艺名及笔名"猫力"享有姓名权，对其创作的畅销书籍名称"猫力乱步"享有商品化权。由于被异议商标"猫力乱步"与异议人创作的《猫力乱步》一书的名称完全相同，并且还包含了异议人的艺名及笔名"猫力"，所以被异议人将"猫力乱步"一词申请注册为商标，损害了异议人对"猫力乱步"作品名称的商品化权和异议人的姓名权两项在先权利。同时，基于异议人及异议人作品的影响力，被异议商标的申请注册易使消费者误认被异议商标所标示的产品或服务与异议人"猫力"或其作品《猫力乱步》有特定联系，从而误导公众，损害异议人的权益。

并且，被异议人烯客（上海）文化发展有限公司的股东之一张宏飞与异议人相识，并曾有过合作关系，对于异议人的艺名及笔名"猫力"、作品及作品名称《猫力乱步》更是清楚知悉。在此前提下，被异议人仍然抢注与异议人作品名称完全相同的商标，并注册在与该作品有高度关联的商品项目（《猫力乱步》一书为旅行游记），其行为具有主观恶意，且手段不正当，违反了诚实信用原则。

故异议人于本案中基于《商标法》第三十二条主张"猫力乱步"的商品化权及"猫力"的姓名权作为在先权利，以及基于第十五条认为被异议人存在抢注行为。

（三）裁判结果

商标局认定，异议人提供的证据材料表明，异议人的笔名为"猫力"，其以旅行为主题的作品《猫力乱步》出版于2013年，该书在相关公众中具有一定影响。被异议商标与异议人在先具有一定知名度的作品名称完全相同，如该商标注册使用在指定服务上容易导致相关公众误认为其经过异议人许可或与异议人存在特定关系，损害异议人相关权益。

商标局决定，对于被异议人申请注册在第39类的第18742871号"猫力乱步"商标和申请注册在第41类的第18742961号"猫力乱步"商标不予注册。

二、代理技巧及心得体会

本案中，代理人所主张的在先权利为基于畅销书作品名称的商品化权以及基于作者艺名及笔名的姓名权。该在先权利不同于较为常见的著作权、肖像权或商标权等，尤其是在之前的相关法律中并无对"商品化权"的明确规定。不过，作品名称或角色名称等确实会使作品或者名称的拥有者通过作品、姓名等取得声誉、信誉、知名度等，拥有者可以通过将上述的声誉、信誉、知名度等与商品或服务的结合进行商业性的使用而实现经济利益。

对于姓名权而言，根据《商标法》《反不正当竞争法》以及相关司法解释等法律规定，并结合相关的案例，代理人发现，就特定名称主张姓名权保护时，应当满足如下条件：其一，该特定名称应具有一定知名度，为相关公众所知悉，并用以指代该自然人；其二，该特定名称应与该自然人之间已经建立稳定的对应关系。从社会公众的心理学角度分析，当人们看到知名人物的姓名时，虽然也会有同名的自然人，但消费者的认知心理决定了他们首先会联想到的知名度最高的特定自然人。因此，知名人物的姓名，无论是艺名还是笔名，都承载着较大甚至是巨大的形象价值和精神感召力，当这一姓名一旦用于商业活动时，该姓名所承载

的符号含义马上会转化为最直接的广告效应和消费影响力。❶

同样，代理人在总结了在先案例的审判逻辑后，认为对于作品名称或者角色名称的保护除了需要考虑该作品名称或者角色名称的知名度这一核心要素之外，同时也需要考虑争议商标所申请注册的商品服务类别以及混淆误认的可能性等方面。商标的主要功能在于标识商品或服务的来源，尽可能消除商业标志混淆误认的可能性。在目前的商业环境下，作品名称或者角色名称的衍生品已涵盖了多类商品，但其名称权益的保护范围并不当然及于全部商品和服务类别，仍应以限于相同或类似商品或服务为原则。❷诚如在"功夫熊猫"案件中法院所提及的，当作品名称或角色名称具有一定知名度并使用于特定商品或服务上时，因其具有显著的识别力，其附随的号召力能够吸引潜在商业消费群体，使得消费者基于电影及角色的亲和力提高购买欲望，增加交易机会。❸

所以为了证明异议人所享有的该作品名称的商品化权以及姓名权，在本案异议代理的过程中，代理人主要从以下三个方面进行准备和举证。

（1）异议人作为旅行类畅销书《猫力乱步》和《路上有微光：猫力乱步2》的作者，其艺名及笔名均为"猫力"，在相关公众中具有一定的知名度和影响力。随着异议人创作的畅销书《猫力乱步》和《路上有微光：猫力乱步2》的热卖，异议人的艺名及笔名在相关读者群体中已经具有了一定的知名度和影响力。同时，异议人作为网络红人及知名微博博主，其微博名称也为"猫

---

❶ 参见（2017）京73行初2927号判决书。
❷ 参见（2016）京行终2012号判决书。
❸ 参见（2015）京知行初字第6361号判决书。

力",经过异议人的努力,聚拢了大量的粉丝,拥有较高的人气,在相应的旅游圈或是旅游话题中具有较高的知名度和影响力。此外,异议人以其艺名及笔名"猫力"接受媒体采访报道、接拍商业广告、代言知名品牌、参加相关综艺节目等,聚集了较高的人气和知名度,被相关公众所熟知。

(2)异议人的作品,即旅行类畅销书《猫力乱步》和《路上有微光:猫力乱步2》在异议商标申请之前已经具有一定的知名度。代理人通过列举引用异议人作品《猫力乱步》和《路上有微光:猫力乱步2》在当当网、亚马逊网、京东网等书籍销售电商平台的销售情况,证明异议人作品的销量大,涉及的区域广泛,系畅销书籍,并为相关公众所知悉,同时还罗列了新浪网、腾讯网等主流网站以及报纸期刊对《猫力乱步》和《路上有微光:猫力乱步2》的推荐,证明异议人的作品获得了主流媒体和相关群众的认可,已经具有了一定的影响力。

(3)异议人作品《猫力乱步》为异议人以亲身经历著述的旅行游记,其主题内容与异议商标申请注册的第39类的"旅行陪伴、观光旅游、旅行预订"等服务及第41类的"文字出版(广告宣传材料除外)、书籍出版、在线电子书籍和杂志的出版、提供在线电子出版物(非下载)"等服务具有较高的关联度。其中,《猫力乱步》一书为旅游、旅行类别中的畅销书,其本身同时兼具旅行游记的属性以及书籍、出版物的属性,使得对于广大读者、相关公众而言,"猫力乱步"已经与《猫力乱步》一书以及旅游、旅行类别的服务形成了息息相关的关系。被异议商标在第39类的"旅行陪伴、观光旅游、旅行预订"等服务及第41类的"文字出版(广告宣传材料除外)、书籍出版、在线电子书籍和杂志的出版、提供在线电子出版物（非下载）"等服务上的申请注册势必会借用异议人在先作品名称所形成的市场声誉或损害其商业利益，从而挤占了异议人基于该作品名称而享有的市场优势地位和交易机会。

三、典型意义

对于商品化权的保护，在之前的法律条文中并没有明确的相关规定，仅仅是在部分的案例中得以确认。其中，在早前的"TARZAN"（人猿泰山）案❶、"梵净山"案❷、"天线宝宝"案❸等案例中，法院均未以商品化权的角度进行支持保护。直到"邦德007 BOND"一案❹，商品化权才首次在行政案件中获得法院明确支持。而到了"功夫熊猫"案时，法院在审理主张以商品化权为在先权利的案件时，已经具备了较为成熟的审理思路和审判标准。

在 2017 年所通过的《最高人民法院关于审理商标授权确权行政案件若干问题的规定》中，对于具有较高知名度的作品名称和作品中的角色名称以在先商品化权益作出了明确规定。该《规定》第二十二条第二款规定，对于著作权保护期限内的作品，如果作品名称、作品中的角色名称等具有较高知名度，将其作为商标使用在相关商品上容易导致相关公众误认为其经过权利人的许可或者与权利人存在特定联系，当事人以此主张构成在先权益的，人民法院予以支持。

---

❶ 参见（2009）高行终字第 516 号判决书。
❷ 参见（2010）一中知行初字第 432 号判决书。
❸ 参见（2010）高行终字第 1237 号判决书。
❹ 参见（2011）高行（知）终字第 374 号判决书。

尽管该规定是针对法院审理商标授权确权行政案件而言，但是对于商标局阶段的异议程序以及商评委阶段的无效程序均有很强的指导作用，为商品化权的保护列明了保护条件以及保护范围。在本案中，从代理人的异议理由撰写和证据准备到最后商标局所依法作出的决定，都与该法条的立法精神所契合，很好地践行了对在先商品化权的保护。

外国地名在中国的保护
——日本冈山县县名"OKAYAMA"商标不予注册案

报送单位：北京林达刘知识产权代理事务所（普通合伙）

撰稿人：肖晖　耿秋

一、案情介绍

（一）基本事实

第18080527号商标"OKAYAMA"（以下称"被异议商标"）由香港路易约翰品牌有限公司（以下称"被异议人"）于2015年10月16日提出注册申请，并于2016年8月20日在第1516期《商标公告》初步审定公告。2016年11月21日，受日本冈山县、冈山商工会议所、冈山县商工会联合会、冈山县中小企业团体中央会这4家异议人委托（以下称"异议人"），我所对被异议商标的注册申请提出了异议申请。

（二）当事人主张

1. 异议人主张

（1）"OKAYAMA"是"冈山"的英文表述。"OKAYAMA冈山"既是日本冈山县的县名（日本的行政区划"县"相当于我国的行政区划"省"），也是日本冈山县冈山市的市名，并且汉字

"冈山"与英文"OKAYAMA"具有唯一对应关系。冈山（OKAYAMA）因其独特的旅游风景和历史文化，与中国长久的经济文化交流、冈山各级政府的大力宣传，冈山（OKAYAMA）在中国具有较高的知名度，在中国已经成为公众知晓的外国地名。因此，被异议商标的注册申请违反了《商标法》第十条第二款的规定，不应被核准注册。

（2）被异议人香港路易约翰品牌有限公司具有恶意抄袭摹仿他人知名商标的一贯恶意。因此，被异议商标的注册违反了《商标法》第四十四条第一款的规定，理应不予核准注册。

（3）"冈山白桃"早已作为日本的地理标志获得注册，被异议商标的注册申请易于误导公众，导致消费者对商品产源发生混淆及误认。因此，也违反了《商标法》第七条第一款、第十条第一款七项和八项的规定。

2. 被异议人主张

被异议人未在规定期限内作出答辩。

（三）裁定结果

商标局经审理认为，"OKAYAMA"的中文含义为"冈山"，是日本县名和城市名称，属于公众知晓的外国地名，被异议商标与之相同，违反了《商标法》第十条第二款的规定，同时，"OKAYAMA"用于上述商品上作为商标带有欺骗性，容易使公众对商品的产地产生误认。依据《商标法》第十条第一款七项、第十条第二款、第三十五条的规定，被异议商标不予注册。

二、代理技巧和心得体会

（1）在异议准备阶段，最初仅"日本冈山县"委托我所针对被异议商标提起异议。为了强调"OKAYAMA"对于冈山县的重要性并引起我国商标局审查员的充分重视,我所参考借鉴了有名的"青森"异议案。最终,本案除了"日本冈山县"以外,另有"冈山商工会议所""冈山县商工会联合会""冈山县中小企业团体中央会"也作为异议人,共同提起异议,共同举证。

(2)通过多方位的证据收集,充分证明了:"OKAYAMA"与"冈山"的对应关系以及其作为日本知名地名在中国具有较高的知名度。

《商标法》第十条第二款的规定,"县级以上行政区划的地名或者公众知晓的外国地名,不得作为商标"。

首先,本案中,"OKAYAMA"是日本知名地名"冈山"对应的英文名称。对此,我所收集了有道词典、爱词霸在线词典、百度翻译、百度百科、途牛旅游网、马蜂窝旅游网、去哪儿网、天气预报网等中国大陆的知名网站中的解释和信息充分证明了二者之间唯一的对应关系。

其次,客观上,对中国的相关公众及一般消费者而言,汉字地名"冈山"的知名度不及东京、大阪等,英文地名"OKAYAMA"的知名度与"TOKYO""OSAKA"相比也稍微低一些。也正是因为这个原因,在商标实审阶段,审查员并未留意到"OKAYAMA"也是公众知晓的外国地名。因此,如何证明"OKAYAMA"在中国已经达到公众知晓的程度是本案的关键。

众所周知,我国是汉字国家,相关公众及一般消费者对汉字的敏感程度远高于英文,而且在证据收集过程中,发现纯英文"OKAYAMA"的证据在数量上有一定局限性,而汉字地名"冈山"的证据明显多于英文地名"OKAYAMA"的证据。因此,本案中，我所充分收集了汉字"冈山"和英文"OKAYAMA"作为日本地名被中国公众广为认知的证据。且由于前述汉字与英文之间的唯一对应关系，二者的证据互相印证、互相呼应。在证据方面，除客户提供了大量面向中国消费者的冈山的导游指南、冈山市观光导游手册等中文资料外，我所还着重向商标局递交了冈山各界与中国在政治、经济、文化、科技、教育等各方面交流的相关资料。同时，为证明"冈山OKAYAMA"的知名度，除对互联网上收集的证据进行网页公证外，还委托国家图书馆出具了检索报告，涵盖了《中国新闻社》《江西日报》《洛阳日报》《劳动保障世界》等知名报纸、杂志上刊登的关于"冈山OKAYAMA"的报道。通过客观真实的证据，有力地证明了地名"冈山OKAYAMA"在中国具有较高的知名度，在中国已经成为公众知晓的外国地名。

最终，商标局也认同了我方关于被异议商标的申请注册违反《商标法》第十条第二款的主张。

（3）对被异议人的恶意进行了积极举证。本案中，我所主要从以下两个方面举证了被异议人在主观上的一贯恶意，该举证对于帮助审查员了解本案被异议人对被异议商标缺乏真实使用意图，并具有一贯恶意囤积商标转让牟利的不正当行为起到了积极作用。

①被异议人名下申请商标有近600件，明显超出被异议人的合理使用需求，其中包括如"黄金搭档Huangjindadang""万宝路之星WANBAOLUZHIXING"等与其他知名品牌近似的商标。

②被异议人在白兔系统信息页面刊载了本案被异议商标的出售信息，侧面佐证了其申请被异议商标并非商业上使用的需求，而是恶意抢注囤积注册商标，意在转让他人牟利。这些主张对证明被异议人傍名牌搭便车的恶意，对审查员的心证形成产生了积

极影响。

（4）对被异议商标违反《商标法》第十条第一款七项的辅助主张。本案中，我所还辅助性地主张了被异议商标的申请注册，违反了《商标法》第十条第一款七项的规定。通过提供由日本特许厅出具的"冈山白桃"地理标志团体商标的注册信息和日本地名地域团体商标手册，强调了"冈山白桃"的知名度。被异议人商标一旦被抢注在第9类的"摄像机、光盘、耳机"等大众消费品上，极易误导公众，使得消费者对商品的产源造成混淆或误认，认为其源自日本冈山，与知名的冈山白桃同源同宗。该搭便车的不当行为显然是试图利用异议人的市场声誉，以牟取不当得利。最终，该主张也得到了商标局支持。

三、典型意义

据不完全统计，日本的都道府县地名，比如青森、静冈、群马、爱知、京都、奈良、广岛、鹿儿岛等多个地名都在中国被抢注为商标。对于地名抢注问题如何进行对应，被包括日本政府在内的多国政府机构积极关注。本案中，商标局适用《商标法》第十条第二款的规定，在对公众知晓外国地名的保护中，积极考虑了外国地名和中文地名的对应关系，对具有对应关系的中外地名同时予以保护。同时，还从容易使公众对商品或者服务的来源产生误认的角度，适用《商标法》第十条第一款第七项规定也给予保护。本案不仅为外国知名地名的维权人提供了新的思路，也充分体现了商标主审机关在打击恶意抢注和保护中外商标权利人的知识产权行动中高度的责任感和强大的执行力，极大地增强了海外维权人在中国行使权利的信心。

从商品到服务看驰名商标保护的跨度
——"三立人"商标异议案

报送单位：北京律盟知识产权代理有限责任公司

撰稿人：许丝雅

一、案情介绍

（一）基本事实

第 17399492 号「三立人」商标（以下称"被异议商标"），由某自然人于 2015 年 7 月 10 日向商标局提出注册申请，指定使用在第 35 类"广告；特许经营的商业管理；进出口代理；替他人推销；人事管理咨询；商业企业迁移；计算机文档管理；会计；自动售货机出租；销售展示架出租"服务上。该商标于 2016 年 8 月 20 日获得初审公告，核定使用的服务项目为"商业企业迁移；会计；自动售货机出租；销售展示架出租"。后该商标于 2016 年 11 月 20 日转让至另一自然人（以下称"被异议人"）名下。

而「（双立人）双立人及图形」是德国知名企业——双立人亨克斯股份公司（以下称"异议人"）成立以来即在餐具、刀具等产品上使用的品牌，至今已有 200 多年的历史。通过大规模的广告、宣传和使用，该商标品牌的影响力不断扩大，在国内外享有极高的声誉和知名度。早在2003年，异议人「（🙋）双立人及图形」商标就被认定为中国驰名商标，并收录在《中国驰名商标、省市著名商标名录》中。

异议人认为被异议商标构成对其驰名商标「（🙋）双立人及图形」的抄袭、摹仿，该商标的注册和使用将会损害其合法权利，故委托北京律盟知识产权代理有限责任公司代理异议人于法定期限内向商标局提出异议申请，请求不予核准被异议商标的注册。

（二）当事人主张

在异议申请中，当事人着重主张了被异议商标明显是抄袭、摹仿异议人在中国已注册并且具有一定影响力的驰名商标，违反了《商标法》第十三条第三款的规定。

（三）裁判结果

商标局经审查认为，被异议商标核定使用的服务与异议人在先引证商标核定使用的商品虽然分属不同行业，不属于类似商品和服务，但异议人提交的在案证据表明其在先注册并使用于"餐具"等商品上的「（🙋）双立人及图形」商标经过长期、广泛的使用和宣传已具有较高知名度，并被认定为驰名商标。被异议商标与异议人「（🙋）双立人及图形」商标在构图要素、设计风格和整体外观上相近，已构成对异议人商标的抄袭、摹仿。被异议商标注册使用在第35类"广告、进出口代理、替他人推销"等服务上，易误导公众，致使异议人的利益可能受到损害。故依据《商标法》第十三条第三款之规定，决定不予核准第17399492号

「三立人」商标之注册。

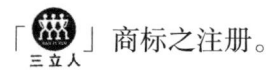

目前，该决定已生效。

二、代理技巧

本案中被异议商标的图形部分与异议人驰名商标「（㊉）双立人及图形」设计理念极为相近，但双方商标一个指定使用在服务上，一个指定使用在商品上，二者存在一定的跨度。在对案件事实进行详细的分析后，结合客户的实际情况和相关法律依据、实践，代理人将本件商标异议案焦点放在如何主张适用《商标法》第十三条第三款的规定对异议人驰名商标进行跨类保护这一点上，主要集中在如何跨越商品与服务的界限、建立商品与服务之间的关联性以申请对异议人驰名商标给予跨类保护。

通常，认定商品与服务之近似性是一个难点，各级主管机关对于商品/服务间关联性认定的尺度和跨度也存在不同之处。尤其是涉及认定商品和服务构成近似时，更是采取较为严苛的标准。除非是在先商标已经被多次认定为驰名的情况下，在认定商品和服务的关联性时可能会采取较为宽松的态度。反之，只有在商品和服务具有极为密切的关联性的情况下，才会给予跨类保护。而针对关联性较弱的商品/服务，实务中往往会出现跨不过去的情形。在办理本案过程中，异议人通过强调商品和服务间的关联性，成功地"跨过"商品与服务的界限，从而使其驰名商标得到跨类保护。

1. 异议中着重强调双方商标指定使用的商品和服务之间的关联性

针对第 35 类服务与各类商品的跨度问题，目前的实务也越来越倾向于认定商品与服务间具有关联性。一般来说，提供商业经营服务通常需要一定的载体，即透过具体的商品才能予以表现。因此，商品的销售自然离不开替他人推销、市场营销、广告、进出口代理等与商业经营密切相关的服务，任何领域的商家均有可能涉及该等商业经营活动。

针对异议人这一在中国具有极高知名度的跨国企业，其在广告、商业推广等方面投入了巨大的财力、物力，商业运作极为成熟，在实际经营活动中必然也会涉及广告、进出口代理、推销等商业行为。因此，考虑到异议人驰名商标的显著性和消费者对这个商标的认可程度，若他人将与异议人驰名商标近似的商标使用在与异议人驰名的餐具等商品相关的商业经营服务上，明显会造成混淆误认，降低驰名商标的显著性或者减弱驰名商标与其赖以驰名的商品之间的联系，进而可能损害驰名商标权利人的利益。

前述第35类的广告、进出口代理、推销、市场营销等服务均是与商品销售密切相关的服务。而本案被异议商标核定使用的服务"商业企业迁移；会计；自动售货机出租；销售展示架出租"虽与商品销售等并非直接相关，但异议人通过仔细分析，对一般经营过程中这些服务仍可能与具体的商品建立起联系进行了着重强调。如日常生活中消费者经常接触到的餐具等用品，消费者在选购餐具商品时极有可能会接触到销售展示架出租等服务；并且，在面对企业经营者时，经销商在与异议人及其关系企业订购餐具等用品时，也会需要销售展示架出租等服务来满足陈列餐具等用品的需求，由此极有可能将被异议商标与异议人使用在餐具上的驰名商标联系起来，从而认为被异议商标申请人与异议人企业存在投资、许可、合作等关系。因此，异议人从这个方面重点论述了被异议商标核定使用的销售展示架出租等服务在面向的消费者、消费习惯、功能等方面与异议人驰名商标商品之间的关联性。

商标局在裁定中也认定了被异议商标注册使用在上述服务上，易误导公众，致使异议人的利益可能受到损害。由此亦说明商标局也是认可该等服务与商品之间的关联性，可看出商标局在对驰名商标予以跨类保护案件中关于商品与服务是否构成关联或近似的跨度。

2. 辅之以证明异议人在先商标的知名度和驰名情况

一般而言，商标的驰名程度越高，对其保护强度越大，范围也越广，在此情形下，对商标近似和商品/服务之间关联程度的要求便会随之降低。

在本案中，异议人除提交了商标局、商评委、法院作出的一些认定或承认其商标为驰名商标的在先裁定、判决外，也提交了大量的商标使用证据资料，如异议人商标在域外被认定为驰名商标的资料、异议人在中国销售产品的销售额及销售情况统计、销售合同及发票、广告宣传资料、异议人产品在中国及世界各国的获奖情况、异议人商标被抢注的资料以及异议人积极在中国各地打击假冒侵权产品的情况等，积极举证证明异议人商标在中国的知名度与影响力，进而强调被异议商标与异议人在先驰名商标在实际使用中造成消费者产生混淆误认的可能性。

商标局在本案审查过程中，除认可异议人在先商标的知名度及驰名地位外，更是突破了以往认定商品与服务近似性与关联性的保守做法，采用更加灵活的认定标准，重点强调商品与服务之间存在关联性易造成公众混淆误认的可能性，推翻了以往倾向于认定商品与服务"跨不过去"的严苛尺度。这一商品到服务的跨度也更加彰显了商标局审查的专业性、灵活性与敢于突破性，为商标权利人日后在类似案件中主张适用商品/服务跨类保护提供了极为重要的参考价值与经验指导。

三、心得体会

由于社会的发展及企业经营模式的变更，驰名商标所承载的意义和内涵已经超出了一般的商标权能，更进一步象征着产品质量和企业信用，蕴含了一种更具价值的商业资产——商誉。

如不对驰名商标进行跨类别保护而任由他人注册，即使商标商品/服务存在差异，消费者仍可能会在新商品/服务与信誉卓著的驰名商标权利人之间建立联系，认为该商品/服务可能是驰名商标权利人的新产品/服务，或者该商品/服务与驰名商标权利人之间存在某种法律上、组织上或业务上的关联，从而引起消费者的误购。如若该商品/服务质量低劣，则更会影响驰名商标在公众心目中通过长期努力而建立起的良好信誉。因为表面上无关联性的商标使用，实际上会破坏商标同初始商品/服务之间的联系以及同广告创造的有利形象的联系，并最终损害商标的销售力。所以，即使在不相同或不类似的商品/服务上，也不应该允许与驰名商标相同或近似商标的注册和使用。

四、典型意义

本案是典型的适用《商标法》第十三条第三款对已注册驰名商标给予跨类保护的案例，其中商标局在本案审查中最重要的点便是从强调商品与服务间的关联性角度出发，以给予驰名商标从商品到服务的跨类保护，具有典型意义。

对已注册驰名商标给予跨类保护的商标案件中，认定商品/服务之间的关联性是一个极为重要的问题。驰名商标的跨类保护一般应以"关联性"作为重点考量因素，这一关联性也即体现为商品/服务之间的关联性。对于一些指定使用于不属于同一类别或不属于同一行业的商品与服务，但容易使相关公众误认为存在特定联系的商标，理应给予该驰名商标以跨类保护。这也是《商标法》第十三条第三款的应有之义。《类似商品及服务区分表》仅为认定商品/服务近似性的参考，认定是否应适用《商标法》第十三条第三款对已注册驰名商标给予跨类保护，除考虑商品/服务之间的关联性外，仍要结合双方商标的近似程度、在先商标的知名度及实际使用情况等因素进行综合判断。

这一从商品到服务的跨度进而对驰名商标进行保护的案例不仅对今后在审理驰名商标跨类保护案件中如何认定商品与服务间的关联性具有重要的参考价值，也对商标权利人在争议案件中如何最大限度地运用《商标法》第十三条第三款所赋予的救济程序保护自身合法权益具有重要的指导意义。

◇ 商标驳回复审案 ◇

关于新型商标类型声音商标审查的探讨
——"宝马声音商标旋律"商标驳回复审案

报送单位：北京君合知识产权代理有限公司

撰稿人：徐初萌

一、案情介绍

（一）基本事实

第14691129号"宝马声音商标旋律"商标由宝马股份公司于2014年7月14日申请注册，指定使用在第12类"汽车；摩托车"商品上。

2016年2月15日，商标局根据《商标法》第十条第一款第（三）项的规定，以"该标志作为商标使用在指定商品上缺乏显著性，不得作为商标注册"，驳回了该申请商标的注册。

2016年3月21日，宝马股份公司因不服商标局的驳回决定，依法向商标评审委员会（下称"商评委"）提起驳回复审申请。

(二) 主要主张

申请人宝马股份公司的复审理由为：①申请商标是一段具有独创性的四音旋律的器乐曲，该段旋律表现了由进步科技及舒适感受为导向的驾驶乐趣。充满自信与坚定的声音标志凸显了宝马品牌的创新力及活力，从而勾勒出宝马汽车的整体概念。申请商标本身具有很强的独创性和显著性。②申请商标通过广泛使用使得消费者能够将申请商标与汽车等商品生产者（即申请人宝马股份公司）联系在一起，相关公众可以通过该声音商标识别商品来源。③根据其他国家关于声音商标的法律规定及知名声音商标的注册情况，本案申请商标按照国际通用审查标准，亦具有显著性，可以作为商标注册。④申请商标已经在其他许多国家或地区获得注册。申请商标在其他国家或地区的注册说明申请商标在国际市场上具有商标标识识别作用。申请商标没有违反《商标法》的相关规定，应予以核准注册。

(三) 裁判结果

2017年1月19日，商评委作出驳回复审决定，认定"申请商标作为一段具有独创性旋律的器乐曲，且申请人提交的在案证据可以证明申请人通过电视、影院、机场等宣传播放形式对其申请人的汽车商品进行了宣传使用，加之申请人提交的广告视频和音频证据可以证明申请商标在汽车商品经其广泛的宣传使用，已与申请人建立对应关系"，故决定对申请商标予以初步审定。

2017年6月28日，申请商标"宝马声音商标旋律"在中国获得注册，专用权自2017年6月28日至2027年6月27日。

二、代理技巧

君合商标团队接受委托后,面对声音商标这一非传统商标的新类型商标的驳回复审,并没有先例可循,是一个巨大的挑战。如何在新的商标法框架下,在中国商标代理行业没有前案经验可以借鉴的情况下,使得具有识别功能的声音商标有效依法获得保护,君合商标团队做了扎实的法律研究,收集了大量声音商标使用证据,并进行了细致地分类和梳理,从该声音商标的独创性和固有显著特征,以及通过广泛使用进一步获得区分商品来源的显著性进行了充分论证,为商标获得注册奠定了基础。此外,君合商标团队还做了大量比较法研究,研究并收集了其他国家关于声音商标的法律规定及知名声音商标的注册案例,比如美国、德国、加拿大、澳大利亚、瑞士等,对于声音商标显著性的认定依据进行了归纳总结,也为商评委针对该类新型商标审查提供了强有力的理论支持和大量的国外案例参考。

三、心得体会

2014年5月1日起施行的《商标法》首次将声音商标纳入商标申请注册范畴,是对传统商标构成的重大变革。针对该类新型商标,在商标审查过程中,需要向商标审查主管机关证明该商标的固有内在显著性以及通过长期广泛使用获得的显著性,从而具有标识产品或服务来源的功能。该类案件对代理律师的理由撰写、证据搜集整理、案例引证分析能力均提出很高的要求。在证据搜集过程中,应当参照驰名认定证据的标准,尽可能全面充分地提交使用证据以证明声音商标通过长期、大量广泛的宣传和使用,已经与申请人之间建立唯一对应关系，申请商标具有标识商品和服务来源的作用。

四、典型意义

由于声音商标在中国属全新的商标类型，在全球很多国家也属于典型的具有创新意义的非传统商标，中国审查机关对此类商标审查的标准缺少在先案例参照，授权的尺度把握也因此尤为严格。截至目前，全国共有约600多件声音商标申请，但是仅有20件左右声音商标获准注册。这些获准注册的商标当中还包括一些有文字元素的商标，并非单纯的真正意义的"声音商标"。由君合商标团队代理的宝马股份公司"宝马旋律"成为目前国内屈指可数的获准注册的声音商标之一，更是最早获准注册的未附加任何文字要素的纯旋律商标，也是第12类汽车商品上唯一获准注册的声音商标。而"宝马旋律"经驳回复审后获准注册，对于宝马公司权利保护、代理机构对声音商标案件代理经验的创新和积累以及评审机关就中国声音商标评审尺度与标准的摸索和探讨均具有非常重要的积极意义：①及时有效地将新型商标进行保护，彰显了商标评审机关和代理机构不畏难、敢于创新，勇于切实践行最新修改的《商标法》对于声音商标的有效保护，该保护就保护，不用把难题延续到司法审判机关再行解决；②宝马作为率先获得声音商标保护的权利人，巩固并提升了宝马公司品牌在消费者中的认知度；③通过证据收集、梳理、比较法研究、在先案例引证等等富有创新性的代理工作，为声音商标等特殊类型商标授权确权案件提供了典型案例。

整体上具有区别于地名的含义的商标，不违反地名禁用条款

——记"滨州港""PORT OF BINZHOU"及图等五十二件系列商标驳回复审案

报送单位：北京黄金智慧知识产权代理有限公司

撰稿人：田园

一、案情介绍

（一）基本事实

滨州港务集团有限责任公司（申请人）于 2016 年 9 月 13 日申请注册以下四件商标：

在第 39 类"海上运输；运输；商品包装；卸货；货物递送；提供船只靠泊设施；运输信息；河运；贮藏；快递服务（信件或商品）"上申请注册第 21293853 号"滨州港"商标，被商标局驳回后于 2017 年 7 月 24 日向商标评审委员会（下称"商评委"）申请复审，于 2018 年 5 月 21 日获准注册。

在第 39 类"海上运输；运输；商品包装；卸货；货物递送；提供船只靠泊设施；运输信息；河运；贮藏；快递服务（信件或

商品)"上申请注册第 21301554 号"滨州港"商标,被商标局驳回后于 2017 年 8 月 3 日向商评委申请复审,于 2018 年 5 月 21 日获准注册。

在第 35 类"广告;商业管理辅助;在工商企业的商业事务或商业功能方面提供管理帮助;为商品和服务的买卖双方提供在线市场;进出口代理等"上申请注册第 21294991 号"PORT OF BINZHOU"商标,被商标局驳回后于 2017 年 7 月 24 日向商评委申请复审,于 2018 年 6 月 21 日获准注册。

在第 35 类"广告;商业管理辅助;在工商企业的商业事务或商业功能方面提供管理帮助;为商品和服务的买卖双方提供在线市场;进出口代理等"上申请注册第 21300939 号"滨州港"商标,被商标局驳回后于 2017 年 7 月 24 日向商评委申请复审,于 2018 年 5 月 21 日获准注册。

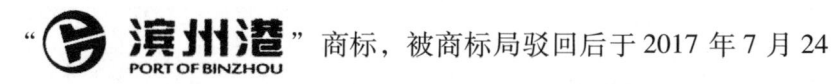

说明:申请人申请注册的含"滨州港""PORT OF BINZHOU"及图的商标驳回复审案达 52 件,涉及申请经营的 41 个类别,以上仅举例四件,生效法律文书分别见《关于第 21293853 号"滨州港"商标驳回复审决定书》商评字(2018)第 0000007172 号、《关于第 21301554 号"滨州港 PORT OF BINZHOU 及图形"商标驳回复审决定书》商评字(2018)第 0000007322 号、《关于第 21294991 号"PORT OF BINZHOU"商标驳回复审决定书》商评字(2018)第 0000011428 号、《关于第 21300939 号"滨州港 PORT OF BINZHOU 及图形"商标驳回复审决定书》商评字(2018)第 0000007296 号。

申请人滨州港务集团有限责任公司是滨州市政府下属的一家

集投融资、建设、运营、管理于一体的国有大型企业集团，统一协调和管理港口融资、建设、运营，承担滨州港建设开发乃至滨州市经济转型的重担。滨州港作为黄河三角洲高效生态经济区和山东半岛蓝色经济区两大国家战略共同规划建设的重要港口之一，是山东省城市群经济圈最近的出海通道，是山东对接天津滨海新区最近的出海口岸，也是滨州市委、市政府确定的全市一号工程。"滨州港"作为地区性重要港口，从规划建港之初起，就作为商标已实际大量使用并具有较高知名度。申请人于2016年9月13日申请了52件41个类别含"滨州港""PORT OF BINZHOU"及图的商标，商标局以"滨州""BINZHOU"为县级以上行政区划为由分批次驳回以上全部52件申请，其中7件还有一个驳回理由是图形与在先商标近似。该案发生后，受到当地政府的高度重视，申请人对以上52件商标驳回提出复审，主要理由为"滨州港"作为港口名称，整体已形成区别于地名的含义，理应获准注册。

（二）裁判结果

商评委审理后支持了我方的驳回复审理由，认为申请商标"整体已形成区别于行政区划名称的其他含义"，未构成《商标法》第十条第二款所指的情形；与在先商标"整体可以形成区分"，未构成《商标法》第三十条所规定情形。以上复审商标全部予以初步审定，并已全部获得注册。

二、案件评析

与《商标法》第十条第二款规定的"地名具有其他含义"不同在于，《最高人民法院关于审理商标授权确权行政案件若干问题的规定》第六条"整体上具有区别于地名的含义，人民法院应当认定其不属于商标法第十条第二款所指情形",需要来证实申请商标整体确实已与其中的地名要素形成一定区别,且经申请人举证,复审商标经使用已为相关公众所知晓,并已与申请人形成唯一对应关系。回归到本案,如果主体识别部分"滨州港"整体与地名形成区别,对组合商标中图形部分近似的解决也起到积极意义,即申请商标被认定未违反《商标法》第十条第二款的前提下,同时也被判定未违反《商标法》第三十条的规定。

三、代理技巧和心得体会

1. 关于实体法条的理解

本案复审前刚出台的《最高人民法院关于审理商标授权确权行政案件若干问题的规定》(2017年3月1日施行)第六条规定:"商标标志由县级以上行政区划的地名或者公众知晓的外国地名和其他要素组成,如果整体上具有区别于地名的含义,人民法院应当认定其不属于商标法第十条第二款所指情形。"据此,复审商标虽由县级以上行政区划地名"滨州"和"港"两部分文字要素组成,但"滨州港"确实存在,并且知名度较高,整体已形成与地名"滨州"不同的含义,并没有违反《商标法》第十条第二款。虽然《商标审查及审理标准》关于第十条第二款有例外规定,具体为例外之1"地名具有其他含义且该含义强于地名含义的"、例外之2"商标由地名和其他文字构成而在整体上具有强于地名含义的其他含义的",从字面理解上便可知上述例外规定均要求"地名或'地名+文字'的整体具有其他含义且该含义强于地名含义"。"具有其他含义"既指文字本身除指示地理位置之外的字面含义,也指经过使用具有显著性,能够区分商品或服务来源;

关于"该含义能否强于地名含义",暂且不考虑申请人及滨州港作为港口的知名度,其作为港口的含义能否强于"滨州"地名还有待证明,而新出台的《最高人民法院关于审理商标授权确权行政案件若干问题的规定》第六条无疑给申请商标能否复审成功上了一道双保险。

2."滨州港"使用并知名的证据

《商标法》第十条第二款规定地名不得作为商标,实质上是因为地名作为商标缺乏显著性和识别性,不能有效区分商品或服务的来源,同时,亦存在特定经营主体对该地名的垄断使用,不利于同地区其他主体的合理使用。沿着对《商标法》第十条第二款以上的理解,笔者考虑申请人滨州港务集团有限责任公司是滨州市政府下属的一家集投融资、建设、运营、管理于一体的国有大型企业集团,统一协调和管理港口融资、建设、运营这一特殊主体,指导并协助申请人搜集整理了"滨州港"的历史沿革、总体规划、基础设施、已投入使用的运营项目的企业宣传册、宣传报道、代建、施工、监理、广告合同及发票高达近500页的证据,以此证明"滨州港"确实存在,并且经使用在"运输;卸货;提供船只靠泊设施;河运;贮藏"等服务或商品上达到较高知名度,形成了与申请人一一对应关系,具备表示商品或服务来源的作用。最终,商评委在决定中认为申请商标整体已形成区别于行政区划名称的其他含义,未构成《商标法》第十条第二款所指的情形。

3. 复审理由还列举了"烟台港""青岛港"等作为港口名称获得注册的情形,虽然个案情况有所不同,但也进一步证明了"滨州港"商标的可注册性。

4. 因为7件复审有在先商标,但都是因为"滨州港 PORT OF

BINZHOU 及图"中的图形存在近似，既然核心识别部分"滨州港"已形成了较强的区别性含义，则整体组合也应可与在先图形予以区分，这点在商评委最后都得到认可。

◇商标无效宣告案◇

对非物质文化遗产的商标权保护探讨
——"正则绣"注册商标无效宣告案

报送单位：江苏省宁海商标事务所有限公司

撰稿人：伊薇

一、案情介绍

（一）基本事实

"正则绣"是一种历史悠久的中国刺绣工艺，以乱针法造型，故又称乱针绣，因其绣法自成一格，被誉为当今中国第五大名绣。"正则绣"创始人——吕凤子先生，是我国著名画家、书法家和艺术教育家，"正则绣"诞生于吕凤子在1912年创办的江苏丹阳私立正则女子职业学校。"正则"取自爱国诗人屈原的化名，以"正则"为名，饱含了吕凤子希望所教导的学生都是爱国人才的愿望，也示意着这种新绣法的诞生地。

吕存是正则绣技艺的传承人，凭借精湛的技艺和对"正则绣"的热爱，吕存继承和发扬"正则绣"艺术，现已成为吕氏第三代杰出代表，获得"中国工艺美术大师"称号，享受国务院政府特殊津贴，并于2008年被列为"江苏省级非物质文化遗产项目代表性传承人"，在刺绣领域享有盛誉。

"正则绣"经过三代人的努力，已发展为一门家喻户晓的手工艺术，于2007年被列入江苏省非物质文化遗产。吕存之名也随着"正则绣"的不断发展与这种技艺产生紧密对应关系。

为了对"正则绣"进行更加完善的保护，2005年2月5日，吕存在第24类"织物；锦缎；纺织织物；人造丝织品；编织织物；纺织品挂毯（墙上挂帘帷）；丝织、交织图画；织锦人像；手绣、机绣图画；丝织美术品"等商品上申请注册了"吕存正则绣"商标（下称"引证商标"），于2009年2月28日核准注册，注册号为4500239，商标专用权经续展至2029年2月27日。

2015年1月16日，丹阳正则绣艺术有限公司（下称"丹阳公司"）在第40类"纺织品精加工；布料边饰处理；服装制作；皮革染色；布料剪裁；裘皮时装加工；刺绣；皮革加工；服装修改；艺术品装框"服务上注册"正则绣"商标（下称"争议商标"），于2016年3月21日核准注册，注册号为16177477，商标专用期至2026年3月20日。

2016年11月28日，吕存作为无效宣告申请人，委托江苏省宁海商标事务所对争议商标提出无效宣告申请。

（二）主要主张

吕存的主要主张为：

（1）"正则绣"作为一种历史悠久的传统刺绣工艺，经过百年发展已经具有极高知名度和影响力，被列为江苏省非物质文化遗产，吕存作为"正则绣"传承人，与"正则绣"的传承、发展具有密不可分的关系，"吕存"与"正则绣"之名早已紧密联系在一起。

（2）丹阳公司与吕存早有合作往来，双方在合作期间共同使用"正则绣""吕存正则绣"商标，丹阳公司亦长期以吕存之名进行宣传推广。双方结束合作后，丹阳公司仍持续使用"正则绣"商标，并继续借吕存的知名度宣传其产品、服务，意图使相关公众将丹阳公司提供的相关服务与吕存联系起来，并在吕存不知情的情况下抢注"正则绣"商标。

（3）争议商标"正则绣"与吕存享有注册商标专用权的"吕存正则绣"商标近似，尽管两个商标分属不同类别，但是相关商品、服务间存在紧密关联，且"正则绣"商标的实际使用方式已经导致相关公众混淆，故争议商标与引证商标已经构成类似商品或服务上的近似商标，争议商标应予以无效。

因此，本案代理人依据《商标法》第十五条、第三十条、第三十二条、第四十五条之规定，请求商标评审委员会（下称"商评委"）对争议商标宣告无效。

丹阳公司在无效宣告答辩中辩称：

"正则绣"商标与"吕存正则绣"商标不构成类似商品或服务上的近似商标，且"吕存正则绣"商标不具有较高知名度，丹阳公司自身不存在恶意抢注的行为，"正则绣"商标与"吕存正则绣"商标共存不会导致消费者误认，请求商评委维持争议商标的注册。

（三）裁判结果

2017年11月27日，商评委作出（2017）商评字［2017］第

0000146551号关于第16177477号"正则绣"商标无效宣告请求裁定书,认定争议商标"正则绣"商标核定使用的"纺织品精加工"等服务与引证商标核定使用的"织物"等商品在加工工艺、功能用途、销售渠道、消费对象等方面密切关联,争议商标与引证商标同时使用在上述商品或服务上,易导致消费者误认为与上述服务存在特定联系而混淆。故争议商标与引证商标已构成《商标法》第三十条所指的使用在相同或类似商品/服务上的近似商标,争议商标予以无效宣告。

2018年4月27日,商标局发布第1597期商标公告,对第16177477号"正则绣"商标的无效宣告结果予以公告,争议商标的注册商标专用权视为自始不存在。

二、代理技巧与心得体会

（一）本案准确把握"正则绣"的非物质文化遗产这一属性的权利范围,将与"正则绣"相关的织物商品和刺绣、布料加工等服务等均纳入正则绣传承人吕存的商标权利保护范围

"非物质文化遗产"是先辈通过长期生产、生活的运用而产生并留存到现在的文化财富,"正则绣"这一刺绣工艺,历经百年发展、传承,集合了几代人智慧劳动成果,与知识产权所保护的智力劳动成果具有相同属性。因此,尽管非物质文化遗产尚未被明确规定为知识产权客体,但仍有必要将其纳入知识产权领域考量。

依据英国学者洛克的"劳动价值论"观点,劳动者应当对劳

动成果享有权利。非物质文化遗产是由特定技艺传承人或者族群创作、演绎和完成的智力劳动成果,故非物质文化遗产原则上应归属于保有该非物质文化遗产的族群或传承人。

吕存已于2008年被列为江苏省级非物质文化遗产项目即"正则绣"代表性传承人,其理应对"正则绣"享有权利,且该权利在商标权领域,不应局限于单一商品或服务,而应辐射至与"正则绣"这一刺绣工艺相关的一系列商品、服务,其中即包括本案争议商标核定使用的"纺织品精加工、刺绣"等服务领域。

(二)结合全面调查取证和深入法律分析,充分论证对非物质文化遗产"正则绣"进行商标权保护的必要性

1. 分析论证争议商标"正则绣"与吕存在先使用的"正则绣"商标属于相同服务领域。

吕存因"正则绣"技艺而享有盛誉,其制作的刺绣工艺品上均体现了"正则绣"刺绣服务,并通过长期教授他人"正则绣"技艺而使该手工艺术继续传承。争议商标核定使用在第40类"纺织品精加工;布料边饰处理;服装制作;皮革染色;布料剪裁;裘皮时装加工;刺绣;皮革加工;服装修改;艺术品装框"服务上,明显与吕存在先使用的"正则绣"服务领域重合。

2. 通过全面调查取证,证明吕存与丹阳公司早有业务往来关系,丹阳公司基于此知晓"正则绣"商标,并实施恶意抢注商标的行为,且其行为已在事实上导致相关公众混淆。

经过调查发现,吕存与丹阳公司曾于2012年开展合作,吕存还在丹阳公司开设的、其法定代表人冯裕华任校长的丹阳市特殊教育学校任教,在校内教授学生"正则绣"技艺。合作期间,丹阳公司与该学校在对外宣传中均会提议吕存之名及其"正则绣"

技艺，而该校多名学生亦师承吕存的"正则绣"技艺，多幅"正则绣"作品在世界残疾人技能大赛等比赛中获奖。2014年，吕存离开丹阳市特殊教育学校，结束与丹阳公司的一切合作，并告知丹阳公司今后不可再以自己的名义对外宣传该学校和公司。

吕存与丹阳公司结束合作关系后，丹阳公司仍在其产品宣传册中显著标识"正则绣"字样，并将由吕存创作的多幅"正则绣"作品列入其宣传册中。丹阳公司还在其开设的正则绣专卖店内悬挂"江苏省非物质文化遗产""吕存技能大师"等由吕存及其"正则绣"所获得的荣誉证明，使其开设的门店直接指向吕存本人，进而误导消费者。

而通过《丹阳日报》于2015年5月28日刊登的一篇名为《丹阳正则绣镇江"秀"神韵》的文章可知，该报社误认为由丹阳公司开设的正则绣门店为吕存开设，遂在其文章中描述该门店时称其为"吕存正则绣门店"。事后，该报社知晓这家店与吕存并无关联，于是专门登报更正这一事实，将对开设在丹阳市金鹰步行街的门店更名表述为"丹阳正则绣艺术有限公司"，并申明此店和店内所有绣品均与吕存无关。

3. 结合商品与服务间的关联性，证明争议商标"正则绣"与吕存享有在先注册商标专用权的"吕存正则绣"商标构成类似商品或服务上的近似商标，争议商标的注册、使用极易导致混淆。

首先，争议商标取"吕存正则绣"商标核心部分"正则绣"注册，去掉"吕存"二字。由于吕存在刺绣领域已具有极高知名度和影响力，"吕存"早已与"正则绣"对应，即使争议商标删除"吕存"二字，但是相关公众早已将"正则绣"商标与"吕存"之名对应起来，看到"正则绣"会自然联想到"吕存""吕存正则绣"，争议商标与"吕存正则绣"商标明显构成近似。

其次，争议商标核定使用在"刺绣、纺织品加工"等服务上，与引证商标核定使用的"织物、丝织美术品"等商品具有密切关联。刺绣、纺织品加工等服务属于对织物、美术品进行加工的艺术手段，而织物、丝织美术品等商品正是这种艺术加工后产生的成品。即争议商标核定使用的刺绣、纺织品加工等服务需要以刺绣成品来体现，引证商标核定使用的织物、纺织物等商品需要刺绣等艺术手段才能完成。

综合上述事实和法律分析，本案代理人认为，"正则绣"这一非物质文化遗产所享有的商标权应归属正则绣技艺的传承人吕存，而不能由其他恶意主体抢占。争议商标的注册、使用已经导致相关公众将争议商标与吕存及其"正则绣"商标、"吕存正则绣"商标相混淆，若争议商标维持注册，将对"正则绣"的传承与发展造成重大损害，故而有必要通过商标权对其进行保护。最终，商评委支持本案代理人主张，对争议商标宣告无效。

三、典型意义

本案率先提出对非物质文化遗产的商标权利保护，通过商标权看清"正则绣"真正的权利范围，再结合全面调查取证和对法律条款的准确适用，使非物质文化遗产"正则绣"顺利维权，系通过知识产权层面有效防止"正则绣"这一原创艺术被他人恶意独占。本案获得新华日报、新浪网、搜狐网等媒体的广泛关注与报道，对市场上恶意抢注他人知名商标的行为具有警示作用。

随着社会的发展，非物质文化遗产往往面临着被毁灭和流失的风险，本案对于明晰非物质文化遗产权利人和相关利益人的权利边界和正当性利益有着巨大的激励作用，也对非物质文化遗产的保存和维持有较强的推动作用。

　　本案在认定商品、服务的类似时，没有局限于《类似商品和服务区分表》的划分，而是综合考虑了标识争议商标的商品或提供的服务实际面向消费者时，是否会存在混淆、误认、联想的可能性，即视个案具体情况，综合考虑在先权利人的商标显著性、使用时间、使用范围和知名度，以及争议商标注册人的不正当性等客观因素，避免分类表的认定与市场交易的客观现实产生的矛盾，更加有利于案件的公平裁决，真正实现法律效果与社会效果的统一。

核准超过10年的商标在无效宣告程序中的法律适用问题
——"皮皮鲁"商标无效宣告申请案

报送单位：超凡知识产权股份服务有限公司

撰稿人：孙嘉美

一、案情介绍

（一）基本事实

2016年4月，被称为"皮皮鲁之父"的著名作家郑渊洁开始与超凡知识产权合作，对"皮皮鲁""鲁西西""舒克贝塔""舒克宝贝""魔方大厦"等多件商标提出异议申请、无效宣告申请。该系列案件中最受公众瞩目的便是"皮皮鲁"商标（下称"争议商标"）无效宣告案，争议商标于2002年申请，2004年获得核准注册，至无效宣告提出之时已有13年之久，进行无效宣告的难度可想而知。

争议商标由郑州自然人李某于2002年9月10日申请，并于2004年3月14日获得核准注册，核定服务为餐厅等。被称为"皮皮鲁之父"的著名作家郑渊洁为此十分烦恼，他曾时常接到读者询问，确定皮皮鲁餐厅是否与其有关，很多读者更是慕名而去。

郑渊洁老师认为，在这个信息泛滥的时代，知识产权必须获得重点保护，否则作者们苦心独创的作品被肆意剽窃，会严重打击创作的积极性，甚至会抹黑读者的记忆，最终伤害公众感情。基于上述原因，郑渊洁决定对该商标提出无效宣告申请，并委托超凡知识产权代理此案。

（二）裁定结果

2018年2月，商标评审委员会（以下称"商评委"）作出了商评字〔2018〕第0000037479号无效宣告请求裁定书，通过裁定可以看出，超凡律师团队的无效宣告核心主张得到了充分的认可与支持，商评委最终认定"皮皮鲁"为郑渊洁创作的童话作品中的主人公名称，具有较强独创性和显著性。被申请人将其作为商标申请注册，其行为违反了诚实信用的社会主义公共道德准则，损害了申请人的合法权益，破坏了社会公序良俗，易使消费者对争议商标使用的'餐厅'等服务的出处产生误认并产生不良之社会影响，已构成修改前《商标法》第十条第一款第八项所指的情形"。目前，上述裁定已生效，"皮皮鲁"商标无效宣告案获得成功。

二、代理技巧

在接受委托后，超凡知识产权组建了律师团队，针对案情制定无效宣告策略。对于无效宣告理由法律条款的适用，当时不少网友为郑渊洁支招，理由主要围绕驰名商标的保护、商品化权的保护，即2001年修改的《商标法》第十三条与第三十一条的保护范畴。

但在本案中，上述两个条款的适用均有很大难度，主要问题在于争议商标核准日为2004年，至无效宣告提出时已有13年之久，远远超出《商标法》以侵犯私权为由提出无效宣告5年期限的规定。商品化权的保护是对私权利的保护，属于2001年《商标法》第三十一条、2013年《商标法》第三十二条中"在先权利"的范畴。因此，本案主张商品化权很难获得支持。针对驰名商标的保护，《商标法》在无效宣告（原争议申请）程序中虽然均规定"对恶意注册的，驰名商标所有人不受五年的时间限制"，但本案中，郑渊洁及其公司并无任何在先"皮皮鲁"注册商标权。故本案同样不应适用2001年《商标法》第十三条第二款规定的情形。

基于此，在进行多次分析后，针对本次对已核准10余年的"皮皮鲁"注册商标提出无效宣告，超凡知识产权律师团队提出核心的无效理由为："争议商标的注册与使用将打破'皮皮鲁'与郑渊洁的唯一对应关系，更有伤人民感情，扰乱市场秩序，违反了社会公共利益"，法律依据为2001年《商标法》第十条第一款第八项。为了使无效宣告申请更为丰满，其余理由与法律依据均作为辅助。上述理由获得了当事人的认可，代理律师在与当事人协商一致后形成了高达一万余字的无效宣告理由书以及上千页证据材料。

三、弦外之音

在上述"皮皮鲁"无效宣告案审结之前，商标局陆续作出了关于"鲁西西""舒克贝塔""舒克宝贝""魔方大厦"等多件商标的异议决定，均支持了异议人的异议理由，决定被异议商标不予核准注册。对上述不予注册的决定及无效宣告请求裁定书进行分析后，不难发现，商标审理机关适用的法律依据均为《商标法》第十条第一款第八项有关不良影响的禁止性条款或第三十二条关于侵犯他人在先权利的条款。

"皮皮鲁"无效宣告案中，没有适用2001年修改的《商标法》第三十一条（对应2013年修改后的《商标法》第三十二条）的原因于上文已经阐述，于此不再赘述。那么在"舒克宝贝"等商标异议案为何适用了修改后的《商标法》第三十二条？

在几件异议案件中，商标局适用了修改后《商标法》第三十二条支持了异议人的请求。以"舒克宝贝"商标（下称"被异议商标"）异议案为例，异议理由主要为：被异议商标侵犯了"舒克"角色名称商品化权，其注册申请将打破郑渊洁与"舒克"之间的对应关系，使得相关公众误以为"舒克"系被异议人品牌，从而产生混淆。法律依据为修改后《商标法》第三十二条。

2017年7月，商标局作出不予注册决定，支持了异议人的异议请求。商标局认为"异议人在案证据表明，郑渊洁为我国当代著名童话作家，其创作的'舒克和贝塔'系列童话故事已被相关消费者所熟悉，'舒克'为该作品中的主人公的名字，凝聚着其一定的智力成果，其作品知名度的取得是异议人创造性劳动的结晶。因此，该在先知名的作品角色名称应当作为在先权益得到保护。被异议商标显著部分与异议人作品角色名称'舒克'文字相同，故被异议商标的申请注册违反了《商标法》第三十二条的有关规定"。

在"舒克宝贝"异议申请提出时，对商品化权的保护主要通过适用《商标法》和《反不正当竞争法》相关条文对其进行保护。现行《商标法》第三十二条规定"申请商标注册不得损害他人现有的在先权利"。商品化权在法律没有规定的情况下，虽然不能作为一种单独的权利类型予以保护，但可以作为在先权利保护。

值得关注的是，在上述异议案件审理过程中，《最高人民法院关于审理商标授权确权行政案件若干问题的规定》正式发布并实施，第二十二条第二款规定："对于著作权保护期限内的作品，如果作品名称、作品中的角色名称等具有较高知名度，将其作为商标使用在相关商品上容易导致相关公众误认为其经过权利人的许可或者与权利人存在特定联系，当事人以此主张构成在先权益的，人民法院予以支持"。上述规定是将商品化权的保护首先体现在法律规定中，充分体现了对商品化权的保护已经上升到法律层面，体现了立法者的态度。

法律的新立、修改、废止、解释是根据执政理念而定的，审判理念也应紧密结合政策理念。从政策的角度出发，为激发市场活力和社会创造力、促进社会公平正义，近年国家通过颁布了一系列的法律文书，2013年《商标法》第七条更是明确将"诚实信用原则"作为申请注册和使用商标应遵循的基本原则，该原则是商标注册和使用都应当遵循的重要原则。《最高人民法院关于审理商标授权确权行政案件若干问题的规定》在对《商标法》具体条文的适用上充分体现了该立法精神，体现了保护诚实经营、遏制恶意抢注商标的一贯司法导向。

四、典型意义

恶意抢注是实行商标申请在先原则所无法避免的副产品，《商标法》所保护的不是商标标识本身，而是其承载的商誉，商标只是商誉的载体。如何有效地对商誉进行保护、对不正当行为予以遏制，一直都是实践中的难点。通过不正当手段取得的商标权，其使用往往会基于非法目的而有损商誉。无论是商标申请还是商标使用，均应当遵循诚实信用原则，即自然人、法人和其他组织申请注册和使用商标，必须意图诚实、善意、讲信用，行使权利不得侵害他人与社会的利益，履行义务信守承诺和法律规定。

《商标法》第十条属于禁用性规定，即便在"皮皮鲁"无效宣告案中，被申请人对争议商标存在长期使用，但这也无法成为该商标未违反《商标法》第十条的理由，更何况其使用已经致使消费者混淆，并损害了读者感情。因此，即便商标核准已经超过10年，甚至经历过续展，同样可以通过无效宣告程序使其权利自始不存在。

本案通过商评委生效裁定，让更多的商标权利人及代理组织对核准时间超过5年的商标提出无效宣告有了新的认识。商标核准超过5年并不意味着权利绝对稳定，更不意味着无效宣告对其束手无策。该案对于今后办理类似情况的无效宣告案件，具有较强的指导意义。

商标无效宣告口头审理案件的探讨
——"BOLIMO"与"搏力谋"商标无效宣告口审案件

报送单位：北京市万瑞律师事务所

撰稿人：陈坚　石亚凯

一、案情介绍

（一）基本事实

争议商标申请号为第 11444613 号"搏力谋"和第 11444427 号"BOLIMO"，由被申请人搏力谋（厦门）阀门有限公司 2012 年 9 月 4 日申请，2014 年 2 月 7 日获得注册，核定使用商品为"阀（机器零件），离心机，泵（机器），空气压缩泵，调压阀，车床，金属加工机械，电动刀，喷漆枪，升降设备"，商标的专用权期限至 2024 年 2 月 6 日。

申请人搏力谋控股公司于 1975 年 7 月 1 日成立于瑞士的苏黎世，是从事执行器、控制阀门开发、生产和销售的国际化专业上市公司，至今已在全球 70 多个国家设立了分公司和办公网点。1998 年，申请人在中国上海设立代表处，开始在中国使用 BELIMO 商标和对应中文商标"搏力谋"，2006 年正式在上海成立子公司。

申请人搏力谋控股公司于1991年3月6日完成"BELIMO"国际注册商标的领土延伸,该商标在第7类核定使用商品为"气压和液压控制、调节用具和设备及其部件",申请人于2011年8月1日申请了中文"搏力谋"商标,核定使用商品"机器、引擎或发动机用控制装置,液压元件(不包括车辆液压系统),气动元件,压力调节器(机器部件),调节器(机器部件)"。申请人认为争议商标与其在先申请注册的"搏力谋""BELIMO"商标构成相同、类似商品上的近似商标,二者同时存在市场上容易造成消费者的混淆和误认,违反《商标法》第三十条规定。此外,被申请人法定代表人廖宝库在香港设立名称为"瑞士搏力谋阀门集团有限公司(SWISS BELIMO VALVE GROUP CO., LIMITED)"的公司,在被申请人网站首页显示了被申请人中文名称"搏力谋(厦门阀门有限公司)",英文名称"BELIMO(XIAMEN)VALVE CO., LTD.",被申请人声称是"瑞士搏力谋阀门集团有限公司投资创办的全资子公司"。我方代理申请人于2016年2月6日依据《商标法》第七条、第十条第一款第八项、第三十条、第三十二条、第四十四条第一款的规定对被申请人注册的争议商标"搏力谋""BOLIMO"提出无效宣告申请。

我方于2016年12月14日基于下列理由向商评委提交口头审理申请:①题述两案的审理时限非常充足,商评委有充足的时间进行口头审理;②本案案情较为复杂,证据繁多,被申请人抢注的恶意较为明显,通过口审的方式能够使商评委全面、迅速了解案件事实,以便商评委作出公正的裁决;③因申请人与被申请人在地方存在商标专用权侵权和不正当竞争民事纠纷案件,上述两枚商标的无效宣告案件的审理结果将对地方法院审理案件有深刻的影响，商评委对商标近似、商品类似的认定经验丰富，通过口审的方式可以让商评委充分发挥自身优势，对上述问题进行全面的剖析。2017年5月4日，国家工商行政管理总局发布了《商标评审案件口头审理办法》，自当日起实施。2017年8月1日商评委决定对上述两件无效宣告案件进行口头审理并向我方邮寄了口头审理通知，后商评委定于2017年8月25日上午9时对上述两案进行口头审理，这是商评委组织的首件商标口头审理案件。

（二）主要主张

申请人在口审中陈述无效宣告理由：

（1）争议商标与申请人有较强显著性且有极高知名度的在先注册商标构成了相同类似商品上的相同近似商标，且被申请人在注册申请及使用过程中有明显的主观恶意，违反了《商标法》第三十条的规定。

（2）被申请人通过注册与申请人相同的企业名称，注册与申请人商标及字号完全相同/近似的中英文商标，且在经营中进行搭便车形式的使用，属于明显的恶意抢注行为，被申请人注册商标仅以牟取非法利益为目的，违反了诚实信用原则，违反了《商标法》第四十四条第一款的规定。申请人请求将争议商标在全部商品上予以无效宣告。

（三）裁定结果

2017年10月24日，商评委作出商评字［2017］第126479号关于第11444613号"搏力谋"商标无效宣告请求裁定书和［2017］第126478号关于第11444427号"BOLIMO"商标无效宣告请求裁定书。商评委认定：①申请人提交证据可以证明经过宣传使用引证商标"BELIMO"与中文"搏力谋"已形成对应关系。

争议商标指定使用的"阀（机器零件）；离心机；泵（机器）；空气压缩泵；调压阀"商品与引证商标核定使用的"气压和液压控制；调节用具和设备及其部件"商品在功能、用途等方面类似，两商标在前述商品上共存，易导致相关公众对商品来源产生混淆和误认已构成使用在类似商品上的近似商标。②被申请人将与申请人商标特有表现形式相同或近似的商标申请注册于别类商品上，具有抄袭、复制他人商标的故意，主观恶意明显，不具备注册商标应有的正当性。该类不正当注册行为不仅会导致相关消费者对商品来源产生误认，且明显超出了正常的生产经营需要，扰乱了正常的商标注册管理秩序，有损于公平竞争的市场秩序，属于以"其他不正当手段"申请注册的情形。因此，争议商标的申请注册构成《商标法》第四十四条第一款规定所指以"其他不正当手段取得注册的"情形。

二、代理技巧

我方出于切实维护客户利益的考虑，根据《商标法》关于注册商标无效宣告制度、《商标法实施条例》《商标评审规则》，第一时间向商评委提交了口头审理申请。代理律师在收到商标无效口头审理通知后，详细分析两案商标无效宣告申请书及被申请人答辩书，认为可以在商标的口头审理案件中通过可视化的方式向商评委展出引证商标的显著性、知名度及被申请人申请争议商标主观的恶意证据，同时分析案件的核心问题在于：

（一）争议商标与引证商标是否构成近似

争议商标与引证商标标识上的近似是显而易见的，但在商品类似方面，因引证商标"BELIMO"商品表述方式采用描述性，需要根据商品描述的内涵和外延准确地确定应有的专用权保护范围。因此在论证引证商标与申请商品在商品是否构成类似上，具有一定难度。对此代理律师为充分论证引证商标核定使用商品的应有范围，在无效宣告口审中提交了八份相关教科书证据强化了液压元件的概念并使其具体化，从而使商评委确认了申请商标与引证商标在"阀、泵、离心机"等大部分商品上构成相同或类似商品。除了分析商标标识构成近似，商品构成类似之外，代理人结合引证商标标识的来源、引证商标的知名度和影响力，提供了引证商标权利人对"搏力谋"品牌的释义、使用、宣传、荣誉、销售合同等证据，充分证明了申请人在气压和液压控制等领域享有一定知名度和影响力，上述证据除有效证明争议商标与引证商标构成类似商品上的近似商标外，还为争取商评委适用《商标法》第四十四条第一款做了充分的铺垫。

（二）证明被申请人主观恶意请求适用《商标法》第四十四条第一款

代理律师通过结合商标来源、含义、发音证明引证商标为臆造词，引证商标标识具有较高的显著性；结合提交的广告、合同、审计报告证明申请人具有较高的知名度；通过提交公证书证明被申请人在实际使用中声称是"瑞士搏力谋阀门集团有限公司投资创办的全资子公司"并将"BELIMO VALVE"作为其英文商号进行宣传，以及被申请人曾因申请与引证商标"BELIMO"完全相同商标而被驳回的事实，强化被申请人注册争议商标具有明显的主观恶意。

商评委采纳了我方代理人的代理观点，认为申请人提交证据可以证明"BELIMO""搏力谋"为申请人在气压和液压控制等领域享有一定知名度的商标，相关公众对此接触较多，被申请人对该事实理应知晓。且鉴于"BELIMO""搏力谋"并非固有搭配的词汇，具有较强的独创性，在此情况下被申请人申请注册与申请人"BELIMO""搏力谋"近似的争议商标难谓巧合。被申请人在答辩程序中未能就其争议商标的合理来源、使用意图等作出充分说明并予以举证。此外，被申请人曾于2012年9月4日、2013年8月27日于第7类商品上申请与申请人"BELIMO""搏力谋"商标相同或近似的第11444188号"BELIMO"商标、第13145633号"搏力谋bolimou"商标，且被申请人网站信息显示其一直将申请人的英文商号"BELIMO"作为其英文商号进行宣传使用。综合考量以上因素，商评委合理认为，被申请人将与申请人商标特有表现形式相同或近似的商标申请注册于别类商品上，具有抄袭、复制他人商标的故意，主观恶意明显，不具备注册商标应有的正当性。该类不正当注册行为不仅会导致相关消费者对商品来源产生误认，且明显超出了正常的生产经营需要，扰乱了正常的商标注册管理秩序，有损公平竞争的市场秩序，属于以"其他不正当手段"申请注册的情形。因此，争议商标的申请注册构成《商标法》第四十四条第一款规定所指以"其他不正当手段取得注册"的情形。

三、心得体会

商评委口头审理的节奏非常紧凑，需要律师对所有证据熟悉掌握，审查人员对口头审理的现场掌控力非常强，需要律师根据审理人员的要求及时作出调整。本案代理律师在对案件各类相关信息和数据的采集、分类、分析及整理后，按照"评审请求"

"证据质证""争议焦点""最后意见陈述"的顺序对案件进行梳理,并将"关键性证据""证据链"与"争议焦点"以可视化多媒体展示方式呈现在口审合议组面前,使得合议组和旁听人员都能清楚了解案件事实和案件争议点,确保通过口头审理使商评委审理小组充分了解案情,使商评委作出公正的裁决。

四、典型意义

(1)程序上:本案是自修改后的《商标法》《商标法实施条例》《商标评审规则》以及《商标评审案件口头审理办法》颁布实施后,首件获准进行口头审理的商标无效案件,具有开创先河的意义,对商评委今后的口头审理具有示范性作用。在2017年中国商标国际品牌节上,商评委将本案作为典型案例在大会上全程播放并进行点评。在2018年中国商标国际品牌节上,商评委将本案选为优秀商标代理获奖案例。

(2)实体上:通常,商评委适用《商标法》第四十四条第一款,需要以系争商标申请人申请注册多件商标为前提。本案争议商标申请人注册行为被认定为,以"其他不正当手段"申请注册的情形,体现了商评委坚决遏制和打击商标确权领域内的不正当竞争行为,维护公平竞争的市场秩序和和谐诚信的注册环境的决心。本案也说明了,对于争议商标的注册申请是否构成《商标法》第四十四条第一款以"其他不正当手段取得注册的"情形,应始终立足于商标法的立法本意,遏制违反诚实信用原则、恶意抢注商标的行为。商评委认定被申请人主观恶意明显,不具备注册商标应有的正当性,被申请人申请行为明显超出可正常生产经营的需要,扰乱了商标注册管理秩序,有损公平竞争的市场秩序,将争议商标予以全部无效,维护公平竞争的市场经济秩序,充分发挥《商标法》第四十四条"以欺骗手段或者其他不正当手段取得注册的"之规定在弥补严格实行注册原则与无效宣告制度可能造成不公平后果的不足等方面的重要作用。

"西红花"注册商标无效宣告申请案

报送单位：浙江龙华知识产权服务有限公司

撰稿人：彭小婵

一、案情介绍

（一）基本事实

浙江建德市有着种植西红花的天然优质自然因素，其中尤以建德市三都镇和村村种植历史长（从20世纪80年代开始），种植面积广，并且在这里还成立了全国第一个西红花合作社，并随后成立了建德市中药材产业协会。

但是直至近一两年，随着建德西红花市场口碑以及价格的双上涨，越来越多其他地方生产的西红花开始以建德西红花名义宣传出售，遂建德市中药材产业协会从根本上意识到从品牌上对建德西红花进行保护的必要。

建德市中药材产业协会的"建德西红花"已成功登记为地理标志产品，但是在准备申请地理标志证明商标时却发现太仓市益香西红花专业合作社早在2012年便成功将"西红花"作为商标注册在第31类植物类相关产品上（注册号为8583011），鉴于上述情况的存在，建德市中药材产业协会不但难以对"建德西红花"

成功注册为地理标志证明商标，而且在对"西红花"三字的使用上都存在一定风险。

（二）主要主张

注册商标无效宣告申请人建德市中药材产业协会的主张为：在对"西红花"进行网络检索、查阅《中华人民共和国药典》等多方面的权威资料，以及对太仓市益香西红花专业合作社使用"西红花"商标的可能性进行全面分析后，根据2013年修改后的《商标法》第十一条第一款，修改前的《商标法》第十一条第一款第一项、第三项以"西红花为通用名称，缺乏显著性"，不能起到商标区分商品来源的作用，不得作为商标注册使用为由，依法对第31类第8583011号"西红花"商标提出无效宣告申请，请求依法裁定予以宣告无效。

（三）裁判结果

2018年3月26日，商标评审委员会（以下称"商评委"）作出的关于第8583011号"西红花"商标无效宣告请求裁定书（商评字〔2018〕第0000048744），裁定对第8583011号"西红花"商标予以无效宣告。

二、代理技巧

我单位法务人员在接受建德市中药材产业协会的委托后，对"西红花"进行了网络检索，并同时查阅了《中华人民共和国药典》、关于西红花的《GB浙江省地方标准》、国家卫生计生委办公厅《按照传统既是食品又是中药材物质目录管理办法（征求意见稿）》等多方面的权威资料，以及对太仓市益香西红花专业合作社使用"西红花"商标的可能性进行了综合分析，建议对第

8583011号"西红花"商标提起注册商标无效宣告申请,并列出该案核心问题如下:

(一)"西红花"是否属于通用名称

商标是用来区别商品或服务来源的标记,商品的通用名称则是在某一范围内被普遍使用的某一种类商品的名称。商品的通用名称包括规范的商品名称,约定俗成的商品名称,商品的俗称和简称。

西红花,别称藏红花、番红花(学名:Crocus sativus),是一种鸢尾科的多年生花卉。经查询《中华人民共和国药典》、关于西红花的《GB浙江省地方标准》、国家卫生计生委办公厅《按照传统既是食品又是中药材物质目录管理办法(征求意见稿)》等多方面的权威资料,我们认为花卉都是植物,而西红花是某一种植物的规范名称,应属于通用名称。

(二)应以何理由提起"西红花"注册商标无效宣告申请

《商标法》第四十四条、第四十五条明确规定了无效宣告申请的主体提起注册商标无效宣告申请的依据理由,结合建德市中药材产业协会与太仓市益香西红花专业合作社之前并无代理关系、建德市中药材产业协会"建德西红花"在相关市场上的知名度和影响力、案件证据材料收集是否充分和难易程度、案件成功的概率以及相关成本等相关因素进行综合考虑,我们建议建德市中药材产业协会以"西红花为通用名称,缺乏显著性",不能起到商标区分商品来源的作用,不得作为商标注册使用为由,依2013年修订后的《商标法》第十一条第一款,修订前《商标法》第十一条第一款第一项、第三项的规定,对第31类第8583011号"西红花"商标提出无效宣告申请，请求依法裁定予以宣告无效。

三、心得体会

（一）品牌意识和品牌保护

品牌作为企业重要的无形资产，是企业在市场竞争中长盛不衰的重要武器，而且品牌建设的同时也能督促企业加强对自身商品或服务质量的提升，在市场竞争中不断保持竞争力。所以，企业要加强品牌意识，认识到品牌对一个企业发展的重要性，同时对品牌的保护要具有前瞻性和大局观，要考虑到自身品牌的定位和发展前景。

（二）案件分析及途径选择

如果一件商标在注册申请时碰到有在先权利障碍，我们应结合实际案件情况，从多个方面进行综合分析，不一定有在先权利障碍时就只有放弃一条途径可走，其他有可能的途径也可以进行尝试，或者是多个途径可以同时进行。

（三）代理人要求

在商标争议案件代理中，代理人应和客户多沟通交流，要详细地了解案件双方或多方的情况以及案件中所涉及商标的信息，充分发挥分散性思维，除客户提供的有效信息外，自身也应有广泛涉猎，多方面调取有效证据信息，提升案件的成功率。

四、典型意义

《商标法》第十一条规定，仅有本商品通用名称等缺乏显著性的标志不得作为商标注册。但是对已经注册的商标认为其是通用名称应予撤销的，究竟以什么标准认定其为通用名称？本案中，在大众消费者理解中，并不完全知晓"西红花"为"藏红花"别名，是一种中药药材的名称，更多的只有中医药从业者知晓"西红花"即"藏红花"，也是一味药材的通用名称，且本案成功的关键也在于无效宣告申请人提交的《中华人民共和国药典》等权威书籍记载。

本案灵活运用法条，对商品通用名称的界定突破普通大众消费者的普遍认知，而是从某一个行业从业者、某一行业的书籍记载认定上提供相关证据材料，证明某一标志为某一行业内的通用词汇，进而将其撤销。

关于以不正当手段取得商标注册的探讨
——"亿佰欧"商标无效宣告申请案

报送单位：北京合道智盈知识产权顾问有限公司
撰稿人：木雪萍　刘进林

一、案情介绍

（一）基本事实

争议商标第 13785779 号"亿佰欧"由重庆诚品广告有限公司于 2013 年 12 月 23 日申请注册，2015 年 2 月 28 日核准注册，核定使用在第 35 类"户外广告，无线电广告，商业管理和组织咨询，特许经营的商业管理，进出口代理，替他人推销，市场营销，表演艺术家经纪，替他人预订电讯服务，会计"服务上，商标的专用权期限至 2025 年 2 月 27 日。

申请人北京亿佰欧商贸有限公司在本案中引证了第 10477009 号"亿佰欧"商标（现该商标已转让至北京海地基业房屋拆迁有限公司名下），该商标于 2012 年 2 月 10 申请，2013 年 4 月 7 日核准注册，核定使用在第 37 类"室内装潢，电器设备的安装和修理，计算机硬件安装、维护和修理等"服务项目上，商标的专用权期限截止至 2023 年 4 月 6 日。

申请人认为争议商标系对申请人独创且在先使用的"亿佰欧"商标的抢注，并侵犯了申请人的在先著作权。同时，被申请人多次抢注他人在先权利，争议商标的注册违反了《商标法》第三十二条及第四十四条第一款、《反不正当竞争法》及《民法通则》第四条的规定，争议商标应予以无效宣告。申请人于2016年10月10日对争议商标提出无效宣告申请。

(二) 主要主张

申请人无效宣告的评审请求为：①引证商标"*亿佰欧*"是申请人原创，是经过艺术设计，具有一定美感的文字作品。其无论含义、字体字形还是细节设计方面均独具匠心，申请人对其享有著作权。通过对比可知，争议商标与引证商标文字及整体设计完全相同，侵犯了申请人的著作权。②在争议商标申请日前，申请人通过加盟店的方式在全国各地开展商业经营管理，其影响范围深入到国内大部分城市。争议商标与引证商标属于相同商标，被申请人将其指定使用在第35类服务上，与申请人在先使用服务属于相同或类似服务，属于以不正当手段，抢先注册他人已经使用并具有一定知名度的商标，违反了《商标法》第三十二条的有关规定。③被申请人有诸多将他人在先权利抢注为商标的案例，本案争议商标也是被申请人在明知申请人引证商标的情况下，对申请人在先商标的恶意抢注。其行为违反了诚实信用原则，构成《商标法》第四十四条第一款中所称的"以不正当手段取得商标注册"的情形，应予以无效宣告。

(三) 裁判结果

商标评审委员会（下称"商评委"）于2017年10月19日作出《关于第13785779号"亿佰欧"商标无效宣告请求裁定书》，

主要内容如下：

商评委审理认为，争议商标"亿佰欧"与申请人的引证商标"亿佰欧"文字组成及构成设计完全相同，难谓巧合。若被申请人以囤积商标进而通过转让等方式牟取商业利益为目的，大量申请注册他人具有较高知名度的商标，显然违背了商标的内在价值，亦将影响商标正常的注册秩序，甚至有碍于商品经济中诚实信用的经营者进行正常经营，故该旨在大量抢注、扰乱正常的商标注册管理秩序的行为理应予以制止。争议商标的注册申请已构成《商标法》第四十四条第一款所指以"其他不正当手段取得注册的"情形。依照《商标法》第四十四条第一款、第三款和第四十六条的规定，商评委裁定争议商标予以无效宣告。

二、代理技巧

代理人接受委托后，详细分析该案的核心问题在于：

（一）争议商标是否构成对申请人的"亿佰欧"的抢注，并侵犯申请人的在先著作权

本案中，争议商标与引证商标虽是相同商标，但是指定的服务项目在不同类别，不属于类似商品，无法通过《商标法》第三十条的规定将争议商标予以无效宣告。而《商标法》第三十二条中关于"已经使用并具有一定影响"的举证要求很高，虽然申请人提交了关于引证商标大量使用证据，包括代理授权、加盟店分布、各地的推广宣传、社会媒体的关注报道等，但可能不足以达到《商标法》第三十二条所要求的"具有一定影响"的程度；同时，申请人虽然在先申请注册了"亿佰欧"商标，但并没有进行著作权登记，不能提供出证明申请人享有在先著作权的有效

证据。因此，本案虽可适用《商标法》第三十二条，但不一定会得到商评委认可。

可是，争议商标确实与引证商标在构成及设计上完全一致，在不知晓申请人引证商标的情况下，不可能设计出与申请人的引证商标完全相同的争议商标，争议商标确属复制抄袭申请人的引证商标。那么，就引出了第二个核心问题：

（二）被申请人是否系恶意注册，构成《商标法》第四十四条第一款所指的以"其他不正当手段取得注册的"情形

经查，被申请人名下有42件商标，其中有多件是恶意抢注他人商标的情形，如被申请人名下已有的"辣家私厨"是抢注的申请人股东张萌喆先生于2013年10月31日成立的北京潮尚辣家餐饮管理有限公司名下的知名商标；"龚滩古镇"是抢注的重庆著名旅游胜地，国家AAAA级旅游景区的名字；除此之外，还有"通用航空""渝航"等商标，均是抢注他人的商标。可知，被申请人有抢注他人商标的惯性，本案争议商标也不例外。本案争议商标与申请人独创性很强的引证商标完全相同，不可能是巧合，是被申请人在明知申请人引证商标的情况下，对申请人在先商标的恶意抢注。其行为侵犯了在先权利人的合法权益，也违反了诚实信用原则，扰乱市场经济秩序及商标注册秩序，构成《商标法》第四十四条第一款中所称的以"其他不正当手段取得注册的"情形，具备法律上的可责性。故代理人在援引《商标法》第三十二条的同时，也重点引用了《商标法》第四十四条第一款规定的以"其他不正当手段取得注册的"规定，最终商评委也予以认可。

三、心得体会

《商标法》第四十四条第一款规定的以"其他不正当手段取得注册的"是指以欺骗手段以外的扰乱商标注册秩序、损害公共利益、不正当占用公共资源或者以其他方式谋取不正当利益的手段取得注册的情形。民事主体申请注册商标，应当有真实的使用意图，其行为应具有合理性或正当性。

《商标审查及审理标准》列举了系争商标注册人三种典型的"其他不正当手段"：①申请注册多件商标，且与他人具有较强显著性的商标构成相同或者近似的；②申请注册多件商标，且与他人字号、企业名称、社会组织及其他机构名称、知名商品的特有名称、包装、装潢等构成相同或者近似的；③申请注册大量商标，且明显缺乏真实使用意图的。抄袭模仿他人独创性商标，不当攫取他人声誉的注册行为，属于典型的以"其他不正当手段取得注册的"行为。本案被申请人在多个类别上注册了42件商标，虽然注册量不大，但部分完全复制他人商标，显然违反了诚实信用原则，并非善意的行为，违背了法律目的和精神，扰乱了正当竞争的市场秩序，属于权利滥用，应予以制止。

同时，鼓励和支持人们通过诚实劳动积累社会财富和创造社会价值，并保护在此基础上形成的财产性权益，是商标法的内在价值。商评委在审查时会考虑已形成的市场秩序及对案件当事人的影响等因素，所以申请人对"亿佰欧"的使用证据也对本案有积极的影响。

四、典型意义

该案件具有较强的典型意义的原因在于本案被申请人申请商标的数量不算多，但因争议商标标识与申请人的引证商标完全一致，被申请人也存在抢注他人商标的情形，商评委最终认定其为以"其他不正当手段取得注册的"情形。本案明确了此种非以使用为目的抄袭复制他人独创性较强的商标的行为应认定其主观上已违背了市场经营者应遵循的诚实信用原则，属于商标法所禁止的以"其他不正当手段取得注册的"并扰乱商标注册秩序、损害公共利益的情形，依法被认定为《商标法》第四十四条第一款规定的以"其他不正当手段取得注册的"行为，对日后类似的商标无效宣告案件具有一定的判例指导意义。

《商标法》第四十四条第一款中的"其他不正当手段"的合理适用
——第12749716号"张氏太极"商标无效宣告案

报送单位：四川省成都市天策商标专利事务所

撰稿人：李洁　兰进

一、案情介绍

（一）基本事实

张六庆（本案被申请人）于2013年6月14日向国家工商行政管理总局商标局（下称"商标局"）提交了第12749716号"张氏太极"商标（下称"争议商标"）的注册申请，并于2015年12月28日核准注册，核准注册的商品为第5类人用药，药用胶囊，医用凝胶，膏剂，中药成药，婴儿食品，消毒剂，医用营养食物，贴剂，医用橡皮膏。

2017年2月3日，第3210088号"太极"商标权利人太极集团重庆涪陵制药厂有限公司（本案申请人）委托四川省成都市天策商标专利事务所（下称"天策事务所"），向国家工商行政管理总局商标评审委员会（下称"商评委"）提交了争议商标的无效宣告申请。

（二）当事人主张

争议商标违反《商标法》第三十条、第四十四条第一款之规定，请求商评委依法宣告争议商标无效。

（三）裁定结果

2017年11月30日，商评委作出《关于第12749716号"张氏太极"商标无效宣告请求裁定书》，依照《商标法》第三十条，第四十四条第一款、第三款之规定，裁定争议商标予以无效宣告。

二、代理技巧

天策事务所一直奉行不打无准备之仗，针对案件必须在有深入调查了解后根据法律适用选择最优的法条进行阐述。因此，在正式启动上述商标无效宣告申请之前，代理人就已经通过中国商标网查询到，被申请人涉嫌违反《商标法》第四十四条第一款的具体行为，如被申请人将申请人及申请人下属公司重庆桐君阁药业有限公司的字号组合，申请了"桐君阁太极"（申请号：13030289），将哈药集团有限公司的名称拆分变形后，申请了"哈集"（申请号：12641850）和"药团"（申请号：12641849），将三九企业集团的名称拆分变形后，申请了"三集"（申请号：12641991）和"九团"（申请号：12641852），在健民药业集团股份有限公司字号的基础上加字申请了"南方健民"（申请号：14910521）等商标，上述商标构成与国内知名药企的企业字号、商标高度近似。

在第12749716号"张氏太极"商标无效宣告请求裁定书中，经商评委查实，被申请人除申请与本案引证驰名商标"太极"相近似的"张氏太极"商标外，还大量申请注册了如"齐云山"

"通化""叁精""柒牌""鲁抗""莫言"等众多与他人在各自领域内具有较高知名度的商标或者与之近似的商标。被申请人申请注册上述商标的行为超出了正常的生产经营使用之需，明显有借助他人市场声誉牟利之目的，违反了诚实信用原则，不仅会造成商品或服务来源的误认，而且扰乱了正常的商标注册秩序，损害了公平竞争的市场环境，违反了《商标法》第四十四条第一款的规定。

就本案而言，争议商标被依法宣告无效在于将《商标法》第三十条与第四十四条第一款充分结合。在代理过程中，代理人应当针对被申请人的商标信息进行核查与分析比对，这一步骤对本案灵活适用《商标法》第四十四条第一款显得尤为重要。

三、心得体会

本案获得支持的核心，在于被申请人的商标注册行为是否属于"其他不正当手段"？

《商标法》第四十四条第一款中的"其他不正当手段"属于兜底条款式的表述，过于笼统，对商标评审、商标代理带来了不确定的因素。为了防止盲目适用一般性条款所造成的行政权力扩大化，商评委已尝试着将"其他不正当手段"类型化，既能最大限度地将无明文规定的恶意注册纳入其中，也使对恶意注册的规制有法可依。

而本案正好是针对现行《商标审查审理标准》对其他不正当手段列举的三种具体情形的精准适用：

（1）申请注册多件商标，且与他人具有较强显著性的商标构成相同或者近似商标；

(2) 申请注册多件商标，且与他人字号、企业名称、社会组织及其他机构名称、知名商品的特有名称、包装、装潢等构成相同或者近似的；

(3) 申请注册大量商标，且明显缺乏真实使用意图的。

此案件充分彰显了商标管理机关对遏制囤积注册商标、搭便车注册商标行为严厉打击的态度。本案被申请人的不正当注册行为，不仅给本案申请人造成了切切实实的品牌威胁，还损害了其他商标权利人及相关公众的权利。因此，合理运用法律武器，依法行使申请人的合法权利，遏制此等恶意抢注的行为刻不容缓。

四、典型意义

《商标法》的立法宗旨是为了加强商标管理，保护商标专用权，促使生产、经营者保证商品和服务质量，维护商标信誉，以保障消费者和生产、经营者的利益，促进社会主义市场经济的发展。

《商标法》第二次修改后，允许自然人注册商标，随即产生了一大批"职业注标人"。近年来，随着国家对于商标申请规费的降低，给"职业注标人"提供了更大的便利。笔者发现，2018年，一申请人在一天内申请了超过5000件商标，时隔一个月，另一申请人在一天内同样申请了超过5000件商标，这两个案例也只是冰山一角，大量非正常申请商标的行为有愈演愈烈之势。虽然商标局对于大量、非正常的注册申请采取从严审查，但也无法完全避免恶意抢注者的"别有用心"。

本案中，商评委适用《商标法》第三十条、第四十四条宣告争议商标无效，明确了被申请人的行为属于以不正当手段抢注与他人在相同类似商品上的近似商标，商评委的态度不仅给被申请人以沉重打击，解决了此案的商标纷争；同时对《商标法》第四十四条第一款中的其他不正当手段的评判标准，依据现行《商标审查审理标准》具体情形的精准适用，对同类型法条适用给予了指导借鉴；充分彰显了商标管理机关对严厉打击"恶意注册"态度，通过给其他"职业注标人"以警示，有力维护了《商标法》的立法本意及立法精神。

第二部分
诉讼案件

◇商标驳回复审行政诉讼案◇

克里斯蒂昂迪奥尔香料公司与国家工商行政管理总局商标评审委员会关于国际注册第 G1221382 号立体商标驳回复审行政诉讼案

报送单位：北京市永新智财律师事务所

撰稿人：李凤仙

申请商标

2018 年 4 月 26 日"世界知识产权日"之际，最高人民法院公开庭审并向社会公开直播了申请人克里斯蒂昂迪奥尔香料公司（下称"迪奥尔公司"）诉国家工商行政管理总局商标评审委员会（下称"商评委"）关于国际注册第 G1221382 号"　"商标注册申请驳回复审行政诉讼案,并当庭宣判,撤销二审、一审判决和商评委的被诉行政决定,判令商评委重新作出决定。【再审案号:(2018)最高法行再26号】。

一、案情介绍

本案申请商标为国际注册第 G1221382 号 " " 三维立体商标(下称"申请商标"),申请人为迪奥尔公司,指定使用在第3类"香料制品、芳香淋浴凝胶、肥皂、香水、浓香水、花露水、香水精、身体芳香乳液、身体用芳香洗剂和油等"商品上。

申请商标经国际注册后,根据《商标国际注册马德里协定》《商标国际注册马德里协定有关议定书》的相关规定,迪奥尔公司通过世界知识产权组织国际局(下称"国际局"),向澳大利亚、丹麦、芬兰、英国、中国等提出领土延伸保护申请。2015年7月13日,国家工商行政管理总局商标局向国际局发出申请商标的驳回通知书,以申请商标缺乏显著性为由,驳回全部指定商品在中国的领土延伸保护申请。迪奥尔公司不服,向商评委提出复审申请,但并未得到商评委的支持。迪奥尔公司遂提起行政诉讼,其主要理由为,迪奥尔公司已经在国际注册程序中及商标驳回复审程序中明确,申请商标为指定颜色的三维立体商标,而非商标行政机关作为审查基础的普通商标,故被诉决定作出的审查基础明显有误。此外,申请商标设计独特,与其基本相同的第7505828号立体商标曾被中国商标局核准注册。申请商标已在中国市场进行了广泛的宣传、使用,也在多个国家获得商标注册,故其在中国的领土延伸保护申请应当获得核准。一审、二审法院均未支持迪奥尔公司的主张。

迪奥尔公司不服二审判决，向最高人民法院提出再审申请。最高人民法院裁定提审本案后，于2018年"世界知识产权日"，由中华人民共和国最高人民法院副院长、二级大法官陶凯元担任审判长，公开开庭审理了本案。合议庭经审理后当庭宣判，判决撤销一审、二审判决及商评委的被诉决定，判令商评委重新针对申请商标的领土延伸保护申请作出复审决定。

二、案件评析

本案再审阶段的两个争议焦点：一、被诉决定是否违反法定程序；二、申请商标是否具备显著性。

针对第一个争议焦点，最高人民法院认为，迪奥尔公司已经在评审程序中提出申请商标为指定颜色的三维立体商标并补充了三面视图，商标局并未如实记载迪奥尔公司在国际注册程序中对商标类型作出的声明，且在未给予迪奥尔公司合理补正机会，并欠缺当事人请求与事实依据的情况下，径行将申请商标类型标注为普通商标，并作出不利于迪奥尔公司的审查结论。商评委在迪奥尔公司明确提出异议的情况下，对此未予纠正的做法，均可能损害行政相对人合理的期待利益，有违行政程序正当性的原则。

本案涉及商标国际注册申请程序中国际公约同国内法在规定和操作上的衔接问题。我国国内法规定申请人在国际局登记之日起3个月内需向国内商标局提交补充材料，但是我国相关法律法规并没有就补充材料的提交要求、审理机关、审查程序等作出明确规定，商标局也没有有效的程序向申请人发送补正通知，申请人也无从知晓程序何时进入国内审查阶段。最高人民法院认为，在相关申请人按照国际公约规定，完成了商标申请的国际注册程序的情况下，国内商标行政机关应当本着积极履行国际公约义务的精神，给予申请人合理的补正机会，以充分保障国际注册商标申请人的合法利益。最高人民法院的这一意见有可能促使商标行政审查程序在未来作出一些调整，促进我国商标审查制度与国际接轨。

针对第二个争议焦点，最高人民法院认为，商标局、商评委在重新审查认定中应重点考量申请商标的显著性与经过使用取得的显著性，特别是申请商标进入中国市场的时间、在案证据能够证明的实际使用与宣传推广的情况以及申请商标因此而产生识别商品来源功能的可能性。另外还需遵守审查标准一致性的原则，不能以个案审查为由忽视执法标准的统一性问题。最高人民法院的这一建议提示商标审查人员更加重视执法标准的统一性，防止相同商标被不同审查人员审查而出现不同甚至完全相反的审查结果，有利于平等保护商标注册申请人的合法权益。

三、代理技巧和心得体会

在为法国迪奥尔公司代理此商标行政诉讼案件的过程中，就第一个争议焦点，我所从国际注册商标指定中国流程实践出发，向法院提交了相关材料和证据，展示了国际注册商标指定中国申请审查的全过程，就行政程序的违法性这个核心问题进行了具体充分阐述，论述了商标行政机关事实认定错误，行政程序违法，从而导致其基于错误的事实作出错误的裁定。

就商标的显著性问题，我方不仅强调申请商标设计独特，具有固有显著性，而且提交了大量的商标使用和宣传证据，证明申请商标经过长期广泛的推广销售使其显著性进一步提高，并已与再审申请人建立起稳定的一一对应的关系，足以起到识别商品来源的作用，可以作为立体商标予以保护。最高人民法院的判决也明确了立体商标显著性的认定标准，真正回归到商标识别商品来源的基本功能，有效避免了立体商标概念成为空中楼阁，而在实践中很难获得注册的两难处境。

外文商标显著性的判断标准探讨
——评析第 17236720 号"seafoam"商标驳回复审行政诉讼案

报送单位：北京市正理律师事务所

撰稿人：安彩虹　廖辰

一、案情介绍

（一）基本事实

奥托马克公司（下称"申请人"）于 2015 年 6 月 18 日在商品国际分类第 4 类"润湿油；润滑油；润滑脂；皮革用油脂；皮革保护剂（油和脂）；发动机燃料非化学添加剂；清扫用黏结灰尘合成物；除尘制剂；沉积灰尘用合成物"商品上申请注册第 17236720 号"seafoam"商标（下称"申请商标"）。原国家工商行政管理总局商标局审理后以"申请商标可译为'海泡石'，使用在指定商品上直接表示了商品的原料等特点，难以起到区分商品来源的作用，构成《中华人民共和国商标法》第十一条第一款第二项所指情形"为由驳回了申请商标在第 4 类全部商品上的注册。

申请人不服商标局驳回决定，向原国家工商行政管理总局商标评审委员会（下称"商评委"）提交复审申请，商评委于2017年3月13日作出驳回复审决定，即商评字［2017］第20445号《关于第17236720号"SEAFOAM"商标驳回复审决定书》，认定申请商标可译为"海泡石"，使用在指定商品上直接表示了商品的原料等特点，难以起到区分商品来源的作用，构成《中华人民共和国商标法》第十一条第一款第二项所指情形，驳回全部商品。申请人不服驳回复审决定，于2017年5月2日向北京知识产权法院（下称"北京知产法院"）提起行政一审诉讼并获得胜诉，商评委对一审判决表示不服，上诉至北京市高级人民法院（下称"北京市高院"），二审终审维持一审判决。

（二）主要主张

对于本案，申请人的主要理由有：

（1）申请商标中的文字部分"seafoam"并无"海泡石"之义，多部专业辞典未收录"seafoam"一词，而辞典中"海泡石"的英文翻译为"sepiolite"或者"meerschaum"；

（2）"海泡石"是一种矿物质，中国相关公众对于该事物知之甚少，其看到申请商标而将其与"海泡石"这一矿物质产生联想、想象的可能性较低，依据中国境内相关公众对英文的通常认知水平和认知习惯，至多根据"Sea"和"Foam"的英语含义，将申请商标整体理解为"海洋泡沫、海上泡沫"；

（3）申请商标"seafoam"已在多个英语国家注册，也在中国在第1类"汽油添加剂"商品上获得了注册，足以证明申请商标的文字具有显著性，可以予以注册；

（4）"seafoam"产品起源于20世纪30年代，在命名之初即取"海洋泡沫"之义（这一点可由申请商标在英文文字"Foam"

的设计、排列上带有形象的圆形泡沫图案印证），产品也是由100%石油制成的润滑剂，与"海泡石"毫无关联；

（5）"seafoam"经过长期使用和广泛宣传，在相关公众当中已具有一定知名度。相关公众已将该商标与奥托马克公司联系起来，申请商标起到了识别产品来源的作用，具备显著性，应当予以核准注册。

（三）判决结果

北京知产法院一审判决申请商标具有显著性。北京市高院经过审理维持一审判决，认为"申请商标由英文'seafoam'及图构成。根据相关公众对外文的通常认知水平和习惯，一般会将申请商标整体理解为'海洋泡沫、海上泡沫'等含义，奥托马克公司提交的各类权威、专业词典可证明中文'海泡石'一般翻译为'sepiolite/meerschaum'，商评委坚持认为申请商标可译为'海泡石'，但未提交足以令人信服的说理证据。退一步讲，申请商标即使可译为'海泡石'，亦非只是或者主要是描述、说明所使用商品的质量、主要原料、功能、用途、重量、数量、产地等，属于暗示商品的特点，并不影响其识别商品来源功能。一审判决应予维持。"

二、代理技巧

本案驳回复审阶段由其他代理所代理，我所在案件进入一审诉讼时接手本案。在诉讼阶段，主办律师详细分析了"seafoam"驳回复审决定书及申请商标信息，并对案件的事实和法律依据做了详细的分析，结合客户实际情况、实践，提供了全面的代理意见，并在证据方面进行了有效补强，最终获得了案件全面胜诉的结果。

(一）证据的补强

1. 专业字典、专业论文检索证据的补强

申请人在评审阶段提交的证据相对较少，仅局限于商标注册信息及广告宣传资料，证据形式和效力上均较弱。本案争议焦点在于申请商标在含义上是否等同于"海泡石"，是否有足够的证据证明此点。为了明确申请商标是否具有含义，其含义是否是"海泡石"，主办律师充分地利用了国家图书馆丰富的馆藏资料，花费大量时间和人力成本查询了多部常用字典、专业字典、专著资料，包括但不限于《朗文高阶英汉双解词典》《柯林斯英汉双解学习词典》《英汉汉英双解词典》《英汉·汉英化学化工大词典》《简明英汉化学化工词典》《英汉石油化工词典》《汉英化学化工科技词汇》《精选英汉化学化工词汇》《石油化工词典》《英汉双解剑桥国际英语词典》，最终确认（1）这些字典、资料中均未收录"seafoam"一词，申请商标是无含义的臆造词汇；（2）与"海泡石"形成中译文互译关系的英文词汇是"sepiolite"，并非申请商标，证明申请商标并非"海泡石"的英文翻译词汇。本组证据来自国家图书馆，又是专业字典及著作，证明力较强，在诉讼阶段有利地证明了申请商标并非"海泡石"的英文词汇，与"海泡石"无任何关系的主张。

2. 申请商标在他类关联商品上注册的证据

主办律师在诉讼阶段深挖此案，向法院提交了申请人在第1类"易燃制剂（发动机燃料用化学添加剂）；发动机燃料化学添加剂；汽车燃料化学添加剂；汽油净化添加剂；油分散剂；油净化化学品；防冻剂；喷雾器用气体推进剂；运载工具引擎用冷却剂；引擎脱碳用化学品；燃料节省剂"商品上申请注册了与本案申请商标相同的第 17236722 号商标，用以证明对于情况基本相同的本案申请商标具有显著性。

3. 申请人中国经销商及相关公众对于申请商标的一般认知

在诉讼阶段提交了申请人中国经销商上海骑驰汽车零部件有限公司将"sea foam"品牌在中国译为"喜孚"的官网打印件；易车网、汽车之家论坛、爱卡汽车俱乐部、新浪博客等对申请商标的讨论，在这些论述资料中没有消费者将申请商标理解为"海泡石"，此些消费者均知道该品牌来自美国，指向申请人。

4. 类似案例

主办律师在诉讼阶段检索了多件与本案案情有相似之处的法院生效判决案例，以及法院对于暗示性商标的审判标准。之所以在诉讼中检索了法院的在先案例，主要是想为法官审理本案提供一些类似案例的参考，扩展案件处理的思维，以求影响主审法官的心证。

（二）理由和诉讼策略

除了在"法理"方面进行充分的论证和主张，主办律师从申请人使用申请商标的本意，从申请商标实际使用的市场效果方面进行了阐述，表明申请商标一开始就是作为品牌加以使用的，其使用意图是真实的。在申请商标已经投入使用并在中国相关公众与申请人形成了固定指向性及没有任何证据证明申请商标具有"海泡石"含义的情形下，商评委径直驳回申请商标的注册，对于申请人利用申请商标及其品牌效应继续开拓中国市场产生了阻碍。主办律师就此点进行了强调，以期影响法官的心证。

三、心得体会

本案为商标缺乏显著性的疑难复杂案件，最后取得胜诉是全部主张和证据综合发挥作用的结果,其中包括对辞典类证据的搜集,去芜存精,包括对待证事实多层面多角度的论述,进而从商标的表面含义、创作意图、注册使用情况、市场效果等多方面论证该商标所要传达的品牌含义,以及在客观上给消费者的最大可能印象,从而论证出申请商标具备显著性的结论。另外,相关判例对本案胜诉也起到了一定的辅助作用,在这些案件中,即使某些商标具有描述性,但法官更多地考虑到中国消费者的外文认知水平,而作出商标予以核准注册的判决,也促使本案的审理更多地从中国消费者的角度出发看待案情。

四、典型意义

2017年3月1日实施的《最高人民法院关于审理商标授权确权行政案件若干问题的规定》第七条:"人民法院审查诉争商标是否具有显著特征,应当根据商标所指定使用商品的相关公众的通常认识,判断该商标整体上是否具有显著特征。商标标志中含有描述性要素,但不影响其整体具有显著特征的;或者描述性标志以独特方式加以表现,相关公众能够以其识别商品来源的,应当认定其具有显著特征。"

第八条:"诉争商标为外文标志时,人民法院应当根据中国境内相关公众的通常认识,对该外文商标是否具有显著特征进行审查判断。标志中外文的固有含义可能影响其在指定使用商品上的显著特征,但相关公众对该固有含义的认知程度较低,能够以该标志识别商品来源的,可以认定其具有显著特征。"

第十一条:"商标标志只是或者主要是描述、说明所使用商品的质量、主要原料、功能、用途、重量、数量、产地等的,人民法院应当认定其属于《商标法》第十一条第一款第二项规定的情形。商标标志或者其构成要素暗示商品的特点，但不影响其识别商品来源功能的，不属于该项所规定的情形。"

结合以上司法解释的规定，本案对《商标法》第十一条第一款第二项具有普遍适用的法律意义。

首先，外文商标含义的界定一定是主要依赖于公众认可的权威出版辞典的解释。本案中，律师通过大量翔实的权威字典和期刊论文来论证"海泡石"的英文翻译并非"seafoam"，而是有其他的专业词汇称呼，这一点为法官所认可。外文商标含义的界定客观上更依赖中国消费者对该外文的认知程度，包括对推定表达事物的知晓和认知能力。本案中，商评委推定"seafoam"为"海泡石"之义，但海泡石是矿物质，应用不广，领域有限，消费者对之知之甚少，在此情况下，消费者更有可能将申请商标理解为"海洋泡沫"或者"海上泡沫"。

其次，外文商标是否缺乏显著性还依赖于该品牌的注册使用历史与推定表达事物之间的联系。本案申请商标于1930年在美国推出，而国内最早记载"海泡石"专业文章的日期却远远晚于上述年份，因此从商标的创立和使用来看，"seafoam"商标使用早于中国消费者对"海泡石"这一事物开始认知的时间，而该商标所使用的实际商品"润滑剂"也与"海泡石"没有任何关联，使用于汽车上的"润滑剂"当然只能由100%石油制成，不可能添加别的矿物质。

再次，即使具有某种含义，是不是就一定缺乏显著性？本案的意义在于厘清了《商标法》第十一条第一款第二项所适用的范围，即"仅直接表示商品的质量、主要原料、功能、用途、重量、数量及其他特点的标志不得作为商标注册",该禁止条款的本意是避免社会上及各个行业内对商品的某一个方面的固有专业描述和表达被注册成商标后成为垄断词汇,进而影响公共利益。但是,若一个商标只是对商品特点起到暗示作用,与该商标核定使用的商品并无必然或确定联系,则该商标词汇并非属于公共利益的范畴,使用在指定商品则具有一定的独创性,此类暗示性商标已经符合了商标法对商标显著性规定的最低要求,或许显著性并不强,但同样具备可注册性,应当准予其作为正常商标予以注册使用。

因此,审理商标是否具有显著特征,应当根据商标所指定使用商品的相关公众的通常认识和市场实践,考虑标志本身的音、形、义等方面与具体商品的联系,从整体上进行综合判断,不宜主观臆断。

最后要说明的是,本案为处理类似外文商标的显著性的判断提供了明确的适用标准和案件处理思路,对同类及其他外文商标案件的办理具有较强的指导意义。本案能够获得成功,除了申请人的配合、主办律师细致的工作之外,还要归功于北京知产法院、北京市高院对于本案的高度重视、合议庭法官的专业性以及司法精神。

◇商标无效宣告行政诉讼案◇

商标无效宣告程序起止期限的探讨
——"金陵超妍"商标无效宣告行政诉讼案

报送单位：江苏中盟律师事务所
撰稿人：瞿东亮　蒋佰芹

一、案情介绍

（一）基本事实

争议商标第5765975号"金陵超妍"由王跃升于2006年12月5日申请注册，2010年1月21日核准注册，核定使用在第44类"美容院，按摩，修指甲，整形外科，头发移植，公共卫生浴，保健，理发店，护理（医务），眼镜行"服务上，商标的专用权期限至2020年1月20日。

申请人张翔在本案中引证了第1427940号"超妍"商标，该商标于1999年4月5日申请，2000年7月28日核准注册。申请人认为争议商标与其在先申请注册的"超妍"商标构成类似服务上的近似商标，同时存在市场上容易造成消费者的混淆和误认，违反《商标法》第三十条规定。

2015年10月27日，商标评审委员会（下称"商评委"）作出了维持争议商标的裁定，认为申请人提起无效宣告申请的寄出日为2015年1月21日，他们收到材料的日期为2015年1月26日，该两个日期均已超出法定期限，故依据《商标法》第四十五条第二款和第四十六条的规定，将争议商标予以维持，并且对申请人依据《商标法》第三十条规定提起的无效宣告请求予以驳回，申请人不服该裁定，遂向北京知识产权法院（下称"北京知产法院"）提起无效宣告行政诉讼。

（二）主要主张

申请人张翔的起诉理由为：①张翔向商评委提起无效宣告的时间是2015年1月21日系在其法定期限内，且商评委向张翔送达《商标评审申请受理通知书》亦说明本案件在形式审查阶段符合申请条件，已被予以受理。②诉争商标的外观、组成部分均完整包含了引证商标"超妍"二字，二者并存在第44类"美容院"等相关服务上容易造成消费者的混淆和误认，而商评委以超出期限为由驳回申请人依据《商标法》第三十条提出的无效宣告理由，属于漏审。③商评委应通知张翔提交邮寄日期的证据，但却在未质证的情况下，认定申请人案件提交日期和商评委文件收到日期均超期，裁定将争议商标予以维持，属于程序违法。

（三）裁判结果

2017年12月24日，北京知产法院撤销被告国家工商行政管理总局商评委作出的商评字（2015）第75985号关于第5765975号"金陵超妍JINLINGCHAOYAN及图"商标无效宣告请求裁定；

被告国家工商行政管理总局商评委就原告张翔所提无效宣告请求重新作出裁定。

二、代理技巧

代理律师接受委托后，详细分析第 0000075985 号"金陵超妍"无效宣告裁定书及争议商标信息，认为该案存在程序性违法事宜，并分析该案的核心问题在于：

（一）申请人提起无效宣告的时间是否超过法定期限

根据《商标法》以及《商标法实施条例》的相关规定，除注册商标有效期情形外，其他各种期间开始的当日不计算在期限内，而商评委在审理本案时，误将期间当日计算在期间内，导致了期间计算的错误。代理律师意识到该案期间问题是本案能否获得诉讼成功的突破口后，围绕关键点引导申请人向法院提交了该案当时的邮寄凭证，并提交了 EMS 国内特快专递邮件详情单的复印件以及全程跟踪查询单作为证据，并且向法院提交了相关法律法规的相关规定用以证明争议商标的无效宣告的申请日是符合法律规定的，在合法期间内的。因此，申请人提起无效宣告的时间并未超过法定期限。

（二）争议商标与引证商标是否构成近似

争议商标是由中文汉字"金陵超妍""JINLINGCHAOYAN"及图构成，引证商标是由"超妍"构成。对此代理律师充分论证争议商标的主要识别部分是"超妍"，完整地包含了引证商标，同时存在市场上容易造成消费者的混淆和误认。另外依据实践以及最高人民法院的指导意见，代理律师在分析商标是否构成近似的问题上，除了分析商标标识的构成要素及主要识别部分之外，还需结合引证商标的知名度和影响力,为此提供了引证商标权利人对"超妍"品牌的投入使用、宣传、荣誉、许可合同等证据,证明在"美容服务"行业的知名度和影响力,充分阐明争议商标"金陵超妍"与引证商标"超妍"已构成类似服务上的近似商标,因此争议商标应被予以无效。

北京知产法院经过审理,认为根据《商标法》第四十五条、《商标法实施条例》第十二条第一款、第九条第一款的相关规定,争议商标的无效宣告的提起日为2015年1月21日,距离争议商标的核准注册日期未超过5年。商评委以张翔提出无效宣告请求中的部分理由超出法定时限为由予以驳回,导致被诉裁定未对诉争商标的申请注册是否构成《商标法》第三十条规定的情形进行实体审理,属于遗漏审理无效理由,并影响了张翔的实体权利,因此,被诉裁定存在程序违法,依法予以撤销。

三、心得体会

根据《商标法》及现行2014年《商标法实施条例》第十二条第一款规定,商标无效宣告中,商标注册之日起5年内的计算方式,应当是商标注册公告日次日起计算期间,至5年后对应注册公告日的当日期间截止(如2010年1月21日注册公告,故对其提起无效宣告的5年期间的日期应从2010年1月22日开始计算,至2015年1月21日期间截止)。

需要特别指出的是,如果争议商标存在被异议或者不予注册复审的情况下,无效宣告期间的起算时间,应该是在该商标被异议或者不予注册复审裁定准予注册后,重新作出的核准注册公告之日起5年内计算无效宣告期间。

四、典型意义

该案件具有较强的典型意义的原因在于针对商标无效宣告的5年期间，看似非常简单的问题，但是到底哪天是最后一天相信很多商标权利人以及商标代理机构都只是模糊的认识。本案通过北京知产法院的判决，让更多的商标注册人及代理公司对《商标法》和《商标法实施条例》中规定的无效宣告的5年期间有了新的理解，同时对日后办理类似的商标无效宣告案件，有了较强的判例指导意义。

"图&全季酒店"商标无效宣告行政诉讼案

报送单位：北京玺泽律师事务所

撰稿人：张锐

一、案情介绍

上诉人（原审第三人）：锦江之星旅馆有限公司
被上诉人（原审原告）：汉庭星空（上海）酒店管理有限公司
被上诉人代理人：北京玺泽律师事务所 张锐 杨云玲
上诉人（原审被告）：商标评审委员会（下称"商评委"）
一审法院：北京知识产权法院（下称"北京知产法院"）
二审法院：北京市高级人民法院（下称"北京市高院"）

本案属商标无效宣告纠纷案，是酒店行业两大知名品牌锦江之星旅馆有限公司（下称"锦江之星"）和汉庭星空（上海）酒店管理有限公司（下称"全季酒店"）之间的商标纠纷，锦江之星主要引证其第43类"图"商标对全季酒店"图 全季酒店"提起无效宣告申请，主要理由认为其中元素"图"和"图"构成近似，因此两商标整体构成近似，商评委评审后支持锦江之星主张，宣告全季酒店商标无效，后全季酒店提起诉讼，经一审及二审诉讼程序，两审法院对于商评委错误裁定予以纠正，维持"JI全季酒店"商标的合法注册。详细案情如下：

（一）商标无效宣告评审阶段

锦江之星于2016年6月20日向商评委对全季酒店第43类第12688181号注册商标"全季酒店JIHOTEL"提起无效宣告申请，争议商标和引证商标对比情况如下：

争议商标	引证商标二	引证商标一
JI全季酒店	JI JINJIANG INN	锦江之星

商评委于2017年2月22日作出的商评字〔2017〕第15277号关于第12688181号"全季酒店JIHOTEL"商标无效宣告请求裁定，支持锦江之星的无效宣告主张，认定引证商标二显著认读文字"JI"与"锦江之星"共同使用，已具有较高知名度，全季酒店与锦江之星为同行业竞争者，且共处同一地域，争议商标使用在"饭店"等同一种或类似服务上，容易导致相关公众对服务来源产生混淆和误认，或存在某种特定关联，从而产生误认。因此，争议商标在"饭店"等服务上与引证商标二构成近似商标，裁定争议商标予以无效宣告。

（二）商标无效宣告行政诉讼一审阶段

对于上述商评委裁定，我所代理全季酒店向北京知产法院提起行政诉讼，知识产权法院完全认同我方诉讼观点和主张，认定如下：

争议商标"JI全季酒店"由经过艺术化设计的图形和文字"HOTEL""全季酒店"组成，其中的图形部分原告主张为英文字母"JI",但是其艺术化程度较高,其两部分的文字大小比例亦不符合两个大写的英文字母"J"和"I",加之在该图形下方有书写相对规范的英文单词"HOTEL",相关公众施以一般注意力不会将其识别为"JI",而是会将其识别为图形或希腊字母"π",故而争议商标核定使用在饭店等服务上的显著识别部分为"全季"和该图形。

争议商标	显著识别部分	显著呼叫部分
JI 全季酒店 HOTEL	JI 全季 ↑ π	全季

引证商标二"JI JINJIANG INN"由经过艺术化设计的图形、汉语拼音"JINJIANG"和英文字母"INN"组成,其中的图形部分第三人亦主张为英文字母"JI",但是该图形的艺术化程度亦较高,在该图形下方有书写相对规范的汉语拼音"JINJIANG"和英文字母"INN"的情况下,相关公众施以一般注意力不会将其识别为"JI",而是会将其识别为图形或经艺术化设计的英文字母"H",故而引证商标二核定使用在饭店等服务上的显著识别部分为"JINJIANG"和该图形。

引证商标二	显著识别部分
JI JINJIANG INN	JI JINJIANG → H

综上,一审法院认定,争议商标与引证商标二在构图要素、整体外观、文字构成、呼叫等方面存在一定区别,将争议商标与引证商标二使用在相同或类似服务上不易引起相关公众的混淆误

认,商评委关于争议商标与引证商标二已构成使用在相同或类似服务上的近似商标的结论错误,应于撤销。

(三) 商标无效宣告行政诉讼二审阶段

对于上述北京知产法院判决,商评委及锦江之星均提起上诉申请,北京市高院经审理作出终审判决,维持原判,驳回上诉。

北京市高院在终审判决中认定:诉争商标由汉字"全季酒店"、英文"HOTEL"及图形化的字母或符号构成,引证商标二由汉语拼音"JINJIANG"、英文"INN"及图形化的字母或符号构成,虽然商评委和锦江之星主张诉争商标与引证商标二的图形化字母或符号均应识读为字母"JI",但根据一般消费者的认读习惯,易对上述图形化字母或符号作出不同的认读和理解,如分别认读为"π"和"H",可见,两商标在上述构成要素上具有可分辨的区别,在其他构成要素上又完全不同,整体比对可予区分,共存使用在饭店等服务上不致使相关消费者发生混淆误认。

二、代理技巧和心得

本案争议焦点主要是诉争商标是否同引证商标二构成近似商标,因此对于如何抗辩两商标不构成近似,我方代理过程中,主要结合《商标审查标准》、《最高人民法院关于审理商标授权确权行政案件若干问题的意见》第一条、《最高人民法院关于审理商标权民事纠纷案件适用法律若干问题的解释》第十条及其相关司法解释的规定,对于商标(尤其组合商标)的近似对比,从以下三个方面来展开论述:①以相关公众的一般注意力为标准判断;②商标显著识别部分的认定及整体、要部的比对来判定是否近似;③以是否导致混淆误认作为近似认定标准。

(一) 以相关公众的一般注意力为标准判断

我方主张,商标的基本功能就在于使消费者在购买商品、服务时便于识别这些商品和服务的来源。商标相同或者近似的判定,必定发生在市场中,即取决于一般消费者的认读习惯和一般注意力。因此,无论在行政或司法程序中,审查员和法官在认定甄别商标近似时,判断注意力也要回归到此种情景,即也要以相关消费者和特定经营者的一般注意力为标准。这种注意力不是该领域相关专家所具有的注意力,而是大多数相关公众通常的、普通的、一般的注意力。这就涉及行为主体的一种行为能力的判断,审判实践中也称为认定商标相同或近似的主观标准。法官在分析判断和采纳有关证据作为定案依据和产生心证过程中,都要坚持以相关公众一般注意力为判断标准。

本案中,一审和二审法院均支持并认可了这一原则,即从相关公众的一般注意力来看,易对诉争商标和引证商标二中图形化字母或符号作出不同的认读和理解,如分别认读为"π"和"H",从而区分。

(二) 商标显著识别部分的认定及整体、要部的比对来判定是否近似

根据司法解释,判定商标近似,既要对商标整体进行比对,又要对商标主要部分进行比对,比对应当在比对对象隔离的状态下分别进行。

(1) 整体比对,又称为商标整体观察比较,是指将商标作为一个整体来进行观察,而不是仅仅将商标的各个构成要素抽出来分别进行比对。这是因为商标作为商品或者服务的识别标志,是由整个商标构成的,在消费者的记忆中留下的是该商标的整体印

象，而不是构成该商标的某些单个要素。因此，当两个商标在各自具体的构成要素上存在区别，但只要将它们集合起来作为一个整体，因此而产生的整体视觉，仍有可能使消费者产生误认，就应当认定为近似商标。反之，如果两个商标的部分组成要素可能相同，但是它们作为一个整体并不会使消费者产生误认，即整体视觉不同，就不能认定为近似商标。

（2）要部比对，又称为商标主要部分观察比较，是指将商标中发挥主要识别作用的部分抽出来进行重点比较和对照，是对整体比对的补充。此种比对方法也是根据消费者在市场中对商标与商品的具体感受和记忆而采用的一种方法。一般地说，消费者对商标的感受和留下最深的记忆，是商标的主要部分或者称显著部分，即商标中起主要识别作用的部分。当两个商标的主要部分相同或者近似，就容易造成消费者的误认，就可以判断为商标近似。

本案中，两审法院支持我方主张，认定诉争商标和引证商标二的显著可识别部分分别为"全季酒店"及图形化的字母或符号和"JINJIANG"及图形化的字母或符号，差异明显，并认定整体对比可予以区分，完全符合从一般消费者认读习惯的判断。

（三）以是否容易导致相关公众的混淆误认为标准

在庭审过程中，我方指出，商标是区分商品和服务来源的标志，是经营者积累商誉的重要载体，也是经营者参与市场竞争的重要工具。具体到商标近似的判断，既要考虑商标标志构成要素及其整体的近似程度，也要考虑相关商标的显著性和知名度、所使用商品的关联程度等因素，以是否容易导致混淆作为判断标准。而混淆与否的判断，则应当立足于本领域相关公众的一般认知，体现要素市场化配置导向，尊重客观已经形成的市场实际状况。

同时，商标标志近似与否、相关公众混淆与否，都应当从外在的客观状况予以考察认定，不应根据商标注册申请人的主观状态对商标近似与否、相关公众混淆与否作出认定。

本案中，从上述两标准可看出，诉争商标同引证商标二无论从要部或整体对比，均不构成近似。此外，我方通过大量的证据举证证明全季酒店具有极高知名度，而且从实际情况来看，在酒店定位方面，全季酒店和锦江之星，分属知名的中高档酒店和经济型酒店，消费群体有较大差异，即双方均各自形成了不同的市场格局，在两商标不近似的情况下，共存使用在饭店等服务上根本不会致使相关消费者发生混淆误认。

基于以上三个方面，我方进行充分论述和举证，全方位驳斥了锦江之星关于商标近似的主张，并最终得到了一审和二审法院的支持，维持了"全季酒店"商标的合法注册，充分保护了全季酒店独创并正当合理使用"全季酒店"商标的合法权益以及已经过大量使用在消费者中建立的良好商誉。

三、典型意义

本案是由酒店行业两大知名品牌"锦江之星"和"全季酒店"发起的商标争议纠纷，所涉争议核心为商标近似认定，且完整包含了商标近似认定判断的三个焦点问题：①以相关公众的一般注意力为标准判断；②商标显著识别部分的认定及整体、要部的比对来判定是否近似；③以是否导致混淆误认作为近似认定标准。法院从上述三个维度及客观的市场实际情况对案件进行审理和认定，充分保护了商标注册人的合法权益。本案是近年来商标近似判定（尤其是组合商标近似判定）的典型案例，具有非常重要的参考价值。

违背诚信原则，"祁门红茶"商标终被宣告无效
——"祁门红茶"地理标志证明商标无效宣告行政诉讼案

报送单位：北京市万慧达律师事务所

撰稿人：明星楠　丁金玲

一、案情介绍

（一）基本事实

2004年祁门县祁门红茶协会提出"祁门红茶"商标的申请，产区范围仅限定在祁门县内，依据的文件为2004年行业主管机关——安徽省农委会出具的证明。但本着共同发展的原则，2007年9月安徽省农委会出具最终的意见是将范围限定在包括东至、石台等县的大范围产区。此后，安徽省工商局召开协调会，各方达成意见：国润公司撤回对"祁门红茶"商标的异议，祁门红茶协会向商标局申请变更产地范围，会后形成《会议纪要》，各方签字确认。然而在国润公司撤回异议后，祁门红茶协会并没有提交变更申请。

该商标核准注册后国润公司提出无效宣告申请，认为产区范围的限定违背了客观历史，红茶协会的做法违背了诚信原则，争

议商标的注册违反了修改前《商标法》第四十一条第一款的规定，商标评审委员会（下称"商评委"）经审理支持了国润公司的无效申请，裁定争议商标无效。

祁门红茶协会不服，诉至北京知识产权法院（下称"北京知产法院"），一审法院认为：本案并无证据显示红茶协会在申请争议商标时实施了伪造申请材料等欺骗行为，且商评委亦未举证证明红茶协会申请注册争议商标时所标示地区违背了客观历史的行为系存在欺瞒商标行政机关之故意。争议商标的申请不构成以欺骗手段或其他不正当手段取得注册的情形，撤销了被诉裁定。

国润公司随后上诉到北京市高级人民法院（下称"北京市高院"），二审期间，安徽省农委会再次重申了对祁门红茶产区进行重新划定范围的意见，该最终意见在尊重历史和现实的基础上，进一步明确祁门红茶的产区范围限定在祁门、石台、东至、贵池等大范围的产区。北京市高院二审撤销了一审判决维持了被诉裁定。祁门红茶协会向最高人民法院（下称"最高院"）提起再审，最高院经审理后驳回其再审申请，维持了二审判决。

（二）当事人主张

在二审及再审过程中国润公司主张：红茶协会不遵守协调意见，在明知行业主管机关已对地域范围作出调整后，未提交变更地域范围的申请，违背商标申请注册过程中应当遵守的诚实信用原则。申请地理标志证明商标需要主管机关的许可或授权，但在2007年9月之后，官方已经撤销了原来的意见，红茶协会继续维持该商标的注册，已经没有权利基础，且按目前当地官方划定的区域，红茶协会也不再是适格的主体。从历史、自然、人文因素看，原地理标志商标划定的范围均有误。

（三）裁判结果

北京市高院在二审判决中认定：就地理标志证明商标而言，其限定的产区范围与实际不一致，无论是不适当地扩大了地域范围，还是不适当地缩小了地域范围，都将误导公众并难以起到证明使用该商标的商品来自特定产区、具有特定品质的证明作用，对于这种限定范围不准确的地理标志证明商标，依法不应予以注册。争议商标将地域范围限定在祁门县内，虽然符合小产区范围，但却明显与社会上普遍存在的大产区范围不一致，人为地改变了历史上已经客观形成的"祁门红茶"存在产区范围不同认识的市场实际，缺乏合理性。祁门红茶协会明知存在地域范围的争议，未全面准确地向商标注册主管机关报告该商标注册过程中存在的争议，尤其是在国润公司撤回异议后，仍以不作为的方式等待争议商标被核准注册，这种行为明显违反了地理标志商标注册申请人所负有的诚实信用义务，构成了2001年《商标法》第四十一条第一款规定的"其他不正当手段取得注册的"情形，争议商标应予以无效宣告。

最高院肯定了二审判决的意见，认为：地理标志所标示的地区范围，无须与现行行政区划名称、范围一致。祁门红茶协会的做法违背了地理标志商标申请应当遵守的诚实信用原则。

二、案件评析

（一）诚信原则贯彻地理标志商标申请的始终

"诚实信用原则"是民事活动中应当坚守的原则之一，也是现行《商标法》明确规定的原则。在商标申请注册的过程中，申请人负有诚实信用的义务。地理标志商标不论是证明商标还是集体商标，商标注册主管机关难以对自然因素、人文因素、产源范围等实质性条件进行核实，往往依据申请人提交的行业主管机关的批准文件等进行形式上的审查。与普通商标相比，申请人不仅要承担不能提供虚假文件的义务，也要承担积极报告的义务。申请过程中存在的商标争议、行业主管机关就地域范围作出的调整等影响商标核准注册的实质性条件的改变都应积极主动地向商标主管机关报告，而不应以隐瞒不作为的方式等待商标的核准注册，否则同样违背了"诚实信用原则"。

商标申请应当包括提交申请文件、初审公告到核准注册前的整个过程，即便红茶协会最初的证明文件没有伪造，但在其明知地域范围存在争议，行业主管机关已根据实际产区对范围作出调整的情况下，仍不向商标注册主管机关说明这一客观情况，违背了地理标志商标注册申请人应当遵守的积极作为义务。根据二审法院的观点：无论是违反不能提供虚假文件的消极不作为义务，还是没有尽到积极地向商标注册主管机关全面准确说明客观情况的积极作为义务，都将使商标注册申请行为丧失正当性基础。违反后者也属于2001年《商标法》第四十一条第一款规定的"其他不正当手段取得注册的"的情形。

（二）地理标志划定的地域范围，无须与现行行政区划名称、范围完全一致

地理标志商标的产地范围划分，因自然、历史、人文等因素不同使用的地域范围也不同。有的地理标志与其使用的行政区划的范围一致，但也存在很多不一致的情况，如："哈密瓜"并非仅产自新疆哈密地区、"龙口粉丝"也并非仅烟台龙口一个地方生产。按照国家工商行政管理总局《集体商标、证明商标注册和

管理办法》的相关规定，申请地理标志作为证明商标的，应当附送管辖该地理标志所标示地区的人民政府或者行业主管部门的批准文件，说明该地理标志所标示的地区的范围，所称地区无须与该地区的现行行政区划名称、范围完全一致，这是针对地理标志证明商标的特殊性所作的法律制度上的要求。

（三）地理标志划定的地域范围，当地政府或行业主管机关具有发言权

地理标志证明商标本身代表着出产地产品的信誉，是一种质量保证，消费者容易产生信赖利益。如果产区范围不适当地扩大或不适当地缩小，都会导致消费者对产品的品质产生误认，损害消费者和当地生产者的利益。

地理标志的申请涉及产区范围的划定和申请主体的界定，关乎各方利益的平衡，需要当地主管机关进行整体协调，因此当地政府或行业主管机关在产品、生产地域和申请主体方面享有发言权。

三、代理技巧

本案虽围绕地理标志证明商标，但争议焦点并不涉及《商标法》第十六条规定，而是涉及第四十一条第一款祁门红茶协会是否属于其他不正当手段取得注册的"情形。该争议焦点有关诚实信用原则，我们工作的重点之一就是突出祁门红茶协会在整个商标申请过程中违背诚信原则的行为。

地理标志不同于普通商标，申请人负有更多的诚信义务，该义务应当贯彻商标申请的整个过程中，并非仅体现在递交申请的一个时间节点，这也是二审代理人重点强调的方面。地理标志范

围的划定，当地行政主管机关具有发言权，针对之前主管机关前后态度变化的情况，二审阶段进一步提交了主管机关的明确意见，对于得到二审法院的支持起到了重要作用。

另外，本案虽不涉及《商标法》第十六条，但对于非限定的产区是否符合地理标志的实质性要件，代理人从地理位置、气候、制茶工艺、史料文件记载等各个角度进行了举证和陈述，使二审法院相信该些产区是符合祁门红茶生产的客观条件的，当地行政机关的支持有理有据。

本案从提交无效宣告到进入诉讼历时10多年，涉及多个重要的时间节点、双方提交的史料文献非常多、当地行政机关也前后出具了多份态度不同的文件，代理人对该些证据进行了可视化梳理，使法官能短时间了解到案件的事实，突出了代理人的代理要点，为得到二审法院的支持起到了很大的帮助。

四、典型意义

本案是首例进入司法程序的对于地域范围有争议的地理标志案件，该案在地理标志申请过程中申请人应负的诚信义务以及当地政府或行业主管机关的意见对于地域范围划分的作用方面，均具有较高的参考价值，具有一定的典型性。另外，地理标志所标示的地区范围可不与现行行政区划的名称、范围完全一致，本案也具代表性。

老字号"周虎臣"获"跨类"保护
——周虎臣商标无效宣告行政诉讼案

报送单位：北京市品源律师事务所

撰稿人：李靖　宫江涛

一、案情介绍

（一）基本事实

第16类10573106号"周虎臣"商标（下称"诉争商标"）由周振文于2012年3月6日向商标局提出注册申请，经审查，2013年4月28日核准注册，核定使用商品为"纸，宣纸（用于中国绘画和书法），笔记本或绘图本，图画，笔架，墨汁，砚（墨水池），印台，比例尺，绘画板"。

2016年6月23日，上海新世界（集团）有限公司（下称"新世界公司"）向商标评审委员会（下称"商评委"）提出无效宣告申请，请求对诉争商标予以无效宣告。核心理由是：新世界公司是上海市重点国资企业，新世界公司授权子公司上海周虎臣曹素功笔墨有限公司使用"周虎臣"商标。经过长期宣传和使用，"周虎臣"已经具有了极高知名度。诉争商标与其持有的第608873号"周虎臣"商标构成类似商品上的近似商标，应予无效宣告。

商评委经审理，于2017年1月15日作出商评字〔2017〕第7484号《关于第10573106号周虎臣商标无效宣告请求裁定书》（下称"被诉裁定"），裁定中认定"争议商标核定使用的'纸'等商品与引证商标核定使用的'毛笔'等商品在生产原料、功能用途等方面具有一定的差异性，不属于同一或类似商品。新世界公司提交的证据只能证明周虎臣商标在毛笔上具有一定知名度，不能证明周虎臣商标在其他商品上具有一定知名度，据此裁定新世界公司的无效宣告理由不成立，维持诉争商标的注册。

新世界公司不服商评委裁定，委托北京市品源律师事务所向北京知识产权法院（下称"北京知产法院"）提起诉讼，请求撤销被诉裁定，并责令其重新作出裁定。

（二）当事人主张

新世界公司的主要起诉理由是：引证商标核定使用的"毛笔"与诉争商标核定使用的"宣纸""墨汁""砚台"等商品功能高度互补，消费群体完全重合，生产部门、销售渠道也具有极大关联性，且"笔、墨、纸、砚"商品属于中国传统文化的"文房四宝"，这一事实为中国相关公众所熟知，所以两商标核定使用的商品构成类似商品。同时考虑到引证商标"周虎臣"属于中华老字号品牌，其毛笔制作技艺属于国家级非物质文化遗产，"周虎臣"在文房四宝领域具有极高知名度，两商标共存易使相关公众造成混淆误认。

商评委答辩称：诉争商标核定使用的"纸"等商品与引证商标核定使用的"毛笔"等商品在功能用途、生产部门、销售渠道等方面具有一定差异性，不属于类似商品；新世界公司提交的证据不能证明引证商标具有一定的知名度。

第三人周振文陈述意见称：①周振文是著名制笔工匠周虎臣的后裔，其申请周虎臣商标具有正当性。②新世界公司提交的证据不能证明引证商标具有知名度，也不能证明周虎臣与新世界公司形成了唯一对应关系。③诉争商标经过长期使用已经形成了稳定的消费群体，具备商标应有的可区分性，不会造成混淆和误认。

（三）裁判结果

北京知产法院认定：①商标近似的判断应以是否具有混淆可能性为标准。判断诉争商标与引证商标是否构成近似商标，应考虑相关公众是否会将两商标相混淆。混淆可能性的认定需要考虑多种事实因素，除商标标识的近似程度以外，还包括诉争商标与引证商标的知名度、核定使用商品的特点。②诉争商标核定使用的"宣纸、墨汁、笔架、印台"等商品与引证商标核定使用的"毛笔、笔"等商标在生产部门、销售渠道、消费群体等方面具有高度重合性，功能用途上具有高度互补性，"笔、墨、纸、砚"在中国传统文化观念中具有较强的关联性，相关公众易受之影响而认为诉争商标与引证商标核定使用的商品存在关联性，造成混淆与误认。因此，两类商品构成类似商品。③新世界公司提交"中国文房四宝协会证明、关于保护中华老字号的函、上海市商标协会公函、进贤县文港镇政府证明、相关荣誉、媒体报道、周虎臣毛笔制作技艺纪录片"等证据可以证明"周虎臣"在文房四宝市场已经与新世界公司形成了唯一稳定的对应关系。

北京知产法院基于上述意见最终认定诉争商标与引证商标构成相同或类似商品上的近似商标，判决撤销被诉裁定。

二、案件评析

（一）判断商品类似应以混淆可能性为标准，综合考虑商标近似程度、引证商标的显著性和知名度、申请人的主观意图等因素

最高人民法院在（2016）最高法行再 10 号判决中认定：在引证商标具有较高的显著性和知名度或者被异议商标申请人具有明显的攀附故意时，应当适度从宽把握商品类似的范围。

最高人民法院在（2012）行提字第 10 号判决中认定：对于完全相同或者高度近似的商标，在商品类别范围上可以放宽。

《最高人民法院关于审理商标授权确权行政案件若干问题的规定》（下称《商标授权确权规定》）第十二条规定：认定是否容易导致混淆应当综合考量商标标志的近似程度、商品的类似程度、引证商标的显著性和知名度、相关公众的注意程度，也可以参考商标申请人的主观意图和实际混淆的证据等因素，而且强调这些因素之间可以相互影响。由该规定可以看出，判断相同或类似商品上的近似商标应当以混淆可能性为判断标准，商品是否类似应当考虑商标的近似程度，引证商标的知名度等因素。[1]

从最高人民法院的生效判决和《商标授权确权规定》中可以看出，判断商品是否类似或是否突破分类表，可以参考商标的近似程度、引证商标的显著性和知名度、申请人的主观意图等因素。

但是在实践中也有少数人认为"商品类似"是一个客观事实

---

[1] 参见宋晓明，王闯，夏君丽，等.《关于审理商标授权确权行政案件若干问题的规定》的理解与适用［J］. 人民司法·应用，2017（10）：35.

问题，应当从客观因素进行判断，商标的近似程度、第三人的主观恶意等因素并不能改变两类商品的客观属性。我们认为此种观点有失偏颇，正如最高人民法院在（2014）行提字第29号判决中认定的一样，商品是否类似的判断并非纯粹事实认定，更非科学上的物质分类，而是法律判断问题。商品类似的判断以商品的物理化学属性为基础，主要关注商品的社会属性方面的关联性，即商品之间在功能、用途、生产部门、销售渠道、消费群体等方面是否相同或者存在关联性，其核心是判断相关公众是否容易产生混淆。而标识的近似程度、引证商标的知名度情况、申请人的主观状态等都是判断混淆可能性的重要参考因素。

（二）行政机关在商标确权案件中应灵活参考《类似商品和服务区分表》，实现效率和公平的统一

本案的核心争议焦点是商品类似问题，而商标审查实践中判断商品类似就无法回避《类似商品和服务区分表》（下称"区分表"）。区分表是商标行政管理机关在商标授权确权程序的重要依据，区分表不仅大大提高了的商标审查效率，也统一了行政机关的裁判尺度，虽然现在行政机关和司法机关都已达成共识，区分表仅仅是判断商品类似的参考，而非法律依据，但由于其操作的便利性，行政机关几乎还是严格按照区分表来判断商品是否类似。本案中，行政机关就是过度重视区分表的作用，而忽略了其他应当考虑的情形才作出了错误的裁定。

在商标申请注册阶段，由于无须考虑引证商标的知名度等事实问题，所以行政机关可以严格按照区分表判断商品是否类似，以提高商标审查效率。但在商标无效宣告等确权程序中应当排除仅适用区分表的思维定式，在认定商品类似时应综合考虑知名度、

标识近似程度、商品关联性等因素，灵活适用区分表，以实现效率和公平的统一。

三、代理技巧与心得体会

（一）证据搜集要有针对性，根据案件突破口和合议庭可能关注的重点事实搜集证据，提交证据切勿杂而乱

本案的突破口是如何说服合议庭突破区分表，认定不同群组的商品构成类似商品。正如前文所述，在司法实践中要突破区分表，需要考虑引证商标知名度、商品的关联程度、申请人的主观意图等。

关于知名度证据，虽然"文房四宝"是中国传统文化的重要组成部分，但在现代社会，文房四宝行业却是个相对小众的领域，其所针对的消费群体非常有限。虽然"周虎臣"属于老字号品牌，但对于一般大众而言，却相对陌生，所以周虎臣品牌不可能向"狗不理""全聚德"等老字号品牌一样可以让合议庭对其知名度有一种先入为主的"共识"。前述情况导致本案中能搜集到的使用、宣传以及知名度证据比其他行业的品牌少很多，所以律师非常重视证据对知名度事实的概括性、客观性和权威性。我们请文房四宝协会、上海中华老字号协会、上海市商标协会、上海市工商局、南昌市进贤县文港镇政府出具公函证明"周虎臣"品牌在文房四宝领域具有相当高的知名度。而这些证明都强有力地佐证了"周虎臣"的行业知名度和影响力。更为重要的是，此类证据均是来源于权威组织或国家机关，其证明具有客观性和权威性，能够较为概括、直观地呈现给合议庭。

关于商标申请人主观恶意，我们重点搜集了周振文利用香港

宽松的公司登记制度设立了"中国周虎臣笔墨股份有限公司"，并在实际使用中与诉争商标一并使用的证据。同时还搜集了第三人在销售主营产品墨汁时，还搭配赠送毛笔、搭售毛笔的证据，这些证据都足以证明第三人周振文攀附"周虎臣"商誉的主观恶意。即便这些证据不能作为定案证据，我们相信也必然会影响合议庭的自由心证。

（二）重点反驳对方提交的可能被合议庭采信或影响合议庭心证的证据

在商标评审阶段和行政诉讼阶段，第三人周振文都提出其是周虎臣后裔，其使用周虎臣商标合法合理，具有正当性，并提交了周虎臣祖籍江西省进贤县文港镇周坊村村委会的证明，用于证明第三人周振文是周虎臣后裔。商评委在评审阶段采信了该证据。针对这一意见和证据我们请求进贤县文港镇政府出具证明，证明周虎臣生长于江西文港，周虎臣笔业也发源于文港，但经过几代相传，周虎臣笔业传至嫡亲傅氏，并于公元1862年迁至上海，一直由傅氏家族经营。此外，我们还提交了部分历史文献用以佐证文港镇政府的证明。其他文献资料也证明，新中国成立后，周虎臣笔业最终传承至上海周虎臣曹素功笔墨有限公司，即新世界公司的子公司。虽然我们无法举证证明第三人周振文并非周虎臣后裔，但是我们能够证明新世界公司子公司才是"周虎臣笔业"的历史传承人，且早在300年前由于周氏无男丁继承，即传至周嫡亲傅氏。所以第三人周振文即便与周虎臣存在某种关系但其也并非"周虎臣笔业"的传承人，所以其不享有任何申请注册"周虎臣"商标的正当性。庭审中合议庭也询问了第三人有否周氏家谱证明其是周虎臣传承人或是后裔，第三人声称有周氏家谱，但一直未提供相关证据证明。所以我们提交的证据完全反驳了第三人具有申请注册周虎臣商标的正当性意见，从而使合议庭不用过多考虑该问题而回归案件真正的争议焦点。

四、典型意义

该案件得到了"文房四宝协会""上海中华老字号企业协会""上海市商标协会""上海市工商局""南昌市进贤县文港镇政府"的高度关注。该判决既维护了当事人的合法权益，也为各级行政和司法机关、行业协会、社会公众加强保护"中华老字号""非物质文化遗产"起到了很好的示范、指引作用，在一定程度上达到了弘扬中国传统文化的社会效果。

◇商标撤销复审行政诉讼案◇

贴牌加工证据是否构成有效商标使用证据
——"CHARTER CLUB"商标撤销复审行政诉讼案

报送单位:隆天知识产权代理有限公司
撰稿人:吴滁 隋萍

一、案情介绍

(一)基本事实

我方当事人美国梅西商贸集团公司(Macy's Marchedising Group, Inc.)是一家老牌的美国百货公司,于1998年在中国注册了第1192709号"CHARTER CLUB"商标(下称"诉争商标"),指定商品为第25类"服装"等。

2012年2月,本案第三人对我方当事人的诉争商标基于连续三年不使用提起了撤销申请,2013年9月商标局作出裁定,支持了我方当事人提交的使用证据,裁定维持我方当事人的商标注册。本案第三人不服,于2013年11月向商标评审委员会(下称"商评委")提起了撤销复审申请。商评委于2015年1月作出裁定,裁定撤销我方当事人的商标注册。之后我方当事人（原告）不服，于 2015 年 2 月向北京知识产权法院（下称"北京知产法院"）提起了撤销复审行政诉讼，请求维持其商标的注册。

（二）当事人主张

诉争商标一直是我方当事人（原告）的重要商标，其一直在中国被持续有效地使用。我方提供了原告与中国供应商之间的合同、发票、货运单、报关单等证据，这些证据上的 PID 编号、HTS 编码、毛重、集装箱号等信息是一致和相互佐证的，且都显示原告的名称及诉争商标信息，这些证据连在一起可以证明原告在中国加工生产诉争商标产品之后通过海关出口到其他国家（贴牌加工）的一个完整出口贸易行为。

商标法之所以规定可以将连续 3 年停止使用的商标予以撤销，其目的在于避免商标闲置，促进商标使用，真正发挥商标在市场经济中的识别作用。因此，在考虑某一商标使用行为是否属于发生在中国大陆境内的使用行为时，关键在于该使用行为是否足以使该商标在中国大陆境内产生识别所用。对于本案所涉出口行为而言，产品的加工生产、贴牌、货运、报关出口以及品牌所有人与供应商的合同行为发生在大陆境内。出口程序包括多个环节，很明显诉争商标在这一过程中已起到识别作用，而该识别作用发生地在大陆境内。

品牌所有者对一个品牌的使用是一个持续的行为，原告提供的证据可以相互佐证，证明原告对诉争商标一直在持续地使用。无论是通过美国官网，还是中国消费者走出国门实体店的海外购、以及各种代购海淘，直到后来中国消费者可以通过天猫轻松购买到诉争品牌的产品，中国消费者一直可以通过各种途径接触到原告——美国老牌连锁百货公司——的大众消费品，因此诉争品牌在中国消费者中起到了识别产品来源的作用。

（三）裁判结果

2017年12月26日，北京知产法院判决撤销被告国家工商行政管理总局商标评审委员会（下称"商评委"）作出的商评字[2015]第18035号关于第1192709号"CHARTER CLUB"商标撤销复审决定书；并判令被告国家工商行政管理总局商评委就第三人提起的撤销复审申请重新作出决定。

二、代理技巧

本案需要我方提交诉争商标2009~2012年在中国大陆的使用证据，但本案的诉讼阶段是在2015年之后，距离证据要求的时间段较久，重新收集新证据也面临了许多困难。所以，我方决定将工作重点放在对现有证据链进行梳理完善以及对关键证据的补充加强上。鉴于原告在撤三以及撤三复审阶段提交的使用证据都是诉争商标在中国的贴牌加工证据，诉讼阶段我方重点强调了诉争商标产品的出口行为：产品的加工生产、贴牌、货运、报关出口、以及原告与供应商的合同行为均发生在大陆境内。另一方面，出口程序包括多个环节，每个环节都有相关中国企业，甚至中国海关等机构的参与，因此很明显诉争商标在这一过程中已起到区分商品来源的作用，而该作用的发生地是在中国大陆。

此外，在我方的建议及帮助下，原告搜集到了在2011~2015年间诉争商标产品在中国加工出口美国后，再通过原告美国官网销售给中国消费者的数据，其中的一部分订单符合本案的证据时间要求。但由于这些数据是通过第三方平台进行管理的，保存的时间仅为3个月，因此原告已无法提供客观销售证据。为了佐证上述证据的真实性，我方收集到了有关原告与第三方平台以及支付宝合作的新闻报道，以及最近3个月内通过原告美国官网销售并直接邮寄至中国的订单数据。

再者，我方搜集并提供了原告的天猫海外旗舰店近一两年内对诉争商标产品的销售情况。虽然所涉时间段不符合本案证据要求，但我方借此证据说明了诉争商标并未被闲置，反而原告仍在积极地在中国使用该商标，且在中国消费者中已具有一定的知名度。上述证据也正好可以展示出原告作为一家老牌美国百货公司，一步步进入中国市场所经历的过程。

并且，为了将原告诉争商标的上述使用现状及在中国市场的发展情况展示得更清楚，我方向法院申请了原告香港关联公司的资深员工作为证人出席庭审，该证人一直负责原告与中国企业之间加工订单的管理及产品质量的审核。综合上述证据，我方强调商标的使用是一个连续持久的行为，原告与中国大陆企业签订的合同、发票、货运收据、报关单、载货清单等证据可以形成完整的证据链，证明在诉争期间对诉争商标的使用。

三、心得体会

本案的争议焦点在于诉争商标在2009年2月6日至2012年2月5日期间是否在核定商品上进行了合法有效的使用。鉴于本案诉争商标为2013年修改的《商标法》实施前就已核准注册的商标，且本案复审申请受理时间也早于2014年，故本案实体问题的审理应适用2001年修改前的《商标法》第四十四条规定："使用注册商标，有下列行为之一的，由商标局责令限期改正或撤销其注册商标：……（四）连续三年停止使用的。"基于商标权之属地主义和独立原则，在一国注册的商标如在外国使用将不发生商标使用的效力。因此，实践中对于贴牌加工的使用地域如何认定一直存在争议。譬如本案，注册商标权人在我国法域内生产相关商品后全部销往法域外，商品未在我国流通。在这种生产活动中使用注册商标的行为是否属于在我国法域内的使用，能否发生我国注册商标使用的效力？

我方认为法律界一直具有较大争议的是贴牌加工行为是否构成商标侵权。这种争议产生的前提一般是该品牌在中国的商标注册人与在中国委托贴牌加工生产的所有权人不一致，在该种情况下产生了该行为是否对中国的商标注册人构成侵权的讨论。我方认为对于类似本案的贴牌加工的生产行为来说，中国境内该品牌的商标注册人和委托加工该品牌产品的权利人是一致的，即商标注册人委托中国加工商生产该品牌产品本身在中国完全是一种合法有效的商标使用行为。如果该合法行为不被认可，那原告在中国巨额订单产品如何认定，非法产品？

对于2001年《商标法》第四十四条的立法目的，立法部门全国人大常务委员会法制工作委员会编写的《商标法释义》认为"对注册商标长期搁置不用，不但该商标不会产生价值，发挥商标功能和作用，而且还会影响到他人注册登记或使用，实际上有碍于他人申请注册与其相同或者近似的商标，商标的法律机制也就失去了存在的意义。"因此，该制度中的使用并非是产生权利的使用，而是在已有权利的基础上激活商标，维持权利，基于该立法目的下的使用要求显然不应等同于产生权利的使用要求。本案诉争商标在中国已实际投入生产经营中，虽商品直接出口至国外，未进入中国大陆市场流通领域，但其生产行为仍发生在中国大陆地区。这种行为实际上是在积极使用商标，而非闲置商标，所以符合2001年《商标法》第四十四条的立法目的及有关使用的要求。

本案商标权人注册商标后，在中国实际经营，制造商品，并将商品全部出口，商标权人显然是积极使用注册商标，并非死商标和囤积居奇，也不存在妨碍他人注册和使用的情形，因此没有必要撤销。通过本案，我们可以看到对于涉外当事人在中国大陆从事贴牌加工行为是否构成商标使用的认定并不是非黑即白的，需要具体案件具体分析。这也就更要求代理人"用心"且不遗余力地帮助当事人搜集提供证据支持，争取有利的结果。

四、典型意义

《商标法》规定连续3年停止使用撤销制度的目的在于鼓励和促使商标权人积极使用商标，避免商标闲置、浪费，保证商标制度良好运转。该制度中的使用并非是产生权利的使用，而是在已经有权利的基础上激活商标、维持权利，基于该立法目的下的商标使用要求显然不同于产生权利的使用要求。贴牌加工生产行为中所涉商标在中国已实际投入生产经营中，虽商品直接出口至国外，未进入中国大陆市场流通领域，但其生产行为仍发生在中国大陆地区。这种行为实质上是在积极使用商标，而非闲置商标，符合《商标法》有关使用的要求。贴牌加工之后出口产品是一种对外贸易的行为，如果贴牌加工行为不被认定为商标使用行为，贴牌加工贸易生产的产品将无法正常出口，而导致该贸易无法在中国继续。故认定贴牌加工行为属于商标使用行为，也是基于公平原则，符合我国拓展对外贸易政策的要求。

在证明贴牌加工证据构成有效商标使用的案件中，需要当事人注意留存并积极收集涉及其与中国大陆企业签订的加工合同、发票、货运收据、报关单、载货清单等相关证据，从而形成完整的证据链，证明所涉品牌在中国的有效使用行为。

◇商标侵权及不正当竞争诉讼案◇

使用注册商标构成侵权的认定及民事责任
——菏泽汇源罐头商标侵权案

报送单位：北京市集佳律师事务所

撰稿人：侯玉静

一、案情介绍

汇源果汁是中国老百姓家喻户晓的果汁品牌，创建于20世纪90年代初，其申请于1999年、注册于2001年的第32类"汇源"商标（2005年在同品类商品上申请新标识"汇源"）自2002年以来被商标局、商标评审委员会（下称"商评委"）多次认定为驰名商标。

"汇源"商标（第7400527号）申请于2009年、注册于2010年，核定使用在第29类罐头等商品上。""商标（第242665号）申请于1985年、注册于1986年，核定使用在第29类罐头等商品上。前述两注册商标几经转手，最后受让人为北京天之高品牌管理咨询有限公司（下称"天之高公司"）；2011年11月起，天之高公司直接或间接许可菏泽汇源罐头食品有限公司（下称"菏泽汇源公司"）使用两注册商标生产、销售水果罐头、冰糖山药罐头、八宝粥等系列罐头，并将"汇源"登记为企业字号。"汇源罐头"迅速充斥市场。

2014年6月，"汇源""汇源"两注册商标的权利人北京汇源食品饮料有限公司（下称"北京汇源公司"）向山东省高级人民法院（下称"山东省高院"）起诉菏泽汇源公司商标侵权、不正当竞争，索赔1亿元。被诉汇源罐头与汇源果汁对比图片如下：

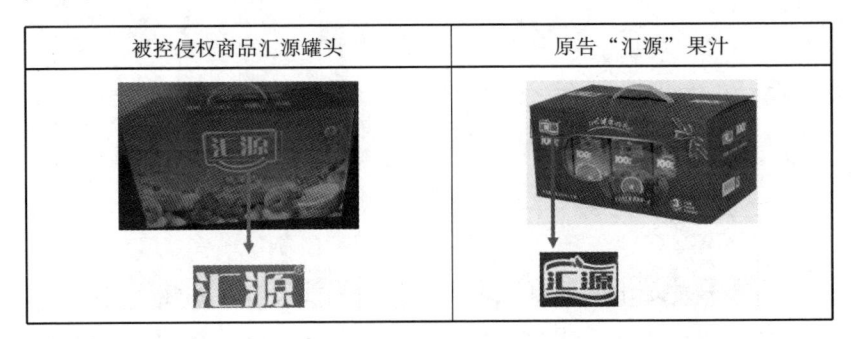

被控侵权商品汇源罐头	原告"汇源"果汁

2015年7月，山东省高院一审判决认定菏泽汇源公司构成商标侵权、不正当竞争，并判决菏泽汇源公司赔偿北京汇源公司经济损失300万元。原被告双方均提出上诉。菏泽汇源公司上诉称其生产、销售的系列罐头食品上使用的"汇源"商标是天之高公司的注册商标，且其使用行为是经该注册商标权利人合法授权，故不构成对于北京汇源公司商标权的侵害。二审期间，天之高公司第7400527号"汇源"商标被商评委引证北京汇源公司两在先驰名商标宣告无效，北京知识产权法院（下称"北京知产法

院")、北京市高级人民法院（下称"北京市高院"）均维持了商评委裁定；天之高公司主张第 7400527 号注册商标是在先第 242665 号"汇源及图"基础商标的延伸，未获支持。此外，第 242665 号"汇源及图"注册商标因连续 3 年停止使用，被北京知产法院、北京市高院、最高人民法院判定应予撤销。

2017 年 12 月，最高人民法院在终审判决中，综合考虑了菏泽汇源公司的主观恶意和第 7400527 号注册商标被宣告无效、第 242665 号"汇源及图"注册商标被撤销的事实，维持了山东省高院关于商标侵权、不正当竞争成立的结论；菏泽汇源公司关于被诉侵权行为之时系合法使用注册商标的抗辩意见，未得到支持。对于被诉侵权产品类型的认定和赔偿数额的计算，最高人民法院认为：一审法院仅认定水果罐头为被诉侵权产品，实际上被诉侵权产品应当为菏泽汇源公司生产、销售的罐头系列产品；相应地，计算赔偿额时也应当考虑冰糖山药罐头和八宝粥等侵权产品，同时考虑到菏泽汇源公司主观恶意明显，为让北京汇源公司利益得到补偿，让被诉侵权人菏泽汇源公司无利可图，改判赔偿额为 1000 万元。本案入选 2017 年度最高人民法院 50 个典型知识产权案例。

2018 年 7 月，天之高公司撤回所有涉及"汇源"异议或无效程序的上诉，撤回在第 29 类罐头等商品上申请、注册的 20 几个"维加汇源""汇源八宝"等商标，并在其关联公司"喀左汇源食品有限公司"商标侵权一案中，主动停止侵权、赔偿损失人民币 100 万元。至此，汇源果汁与汇源罐头的一系列商标纠纷最终得到圆满的解决。

二、代理技巧

在接手处理本案之时,我们就非常清楚这不是一次战斗而是一个战役,民事诉讼的结果和走向,需要商标无效、异议、"撤三"等确权程序的配合。

在民事诉讼中,原告首先主张驰名商标认定,对于驰名认定的"必要性"有两方面的理由:一是被诉侵权产品是第29类罐头等商品,而原告注册商标是第32类果汁饮料,存在"跨类"保护情形;二是被告被授权使用的是一枚注册商标,只有在先驰名商标才可以禁止在后注册商标的使用。但作为原告代理律师,我们并不确定法院一定会支持驰名认定的必要性,因为被诉侵权产品与果汁在原料、工艺、生产部门、销售渠道、消费群体等方面存在诸多共同之处,有可能直接认定商品类似;而被诉标识是注册商标是否就意味着满足了驰名商标认定的"必要性"原则,直到现在仍存在争议。因此,我们在诉讼策略上,还准备了备用方案,就是提供充分的证据证明被告对授权的注册商标进行"变形使用",变形使用后的标志更加接近原告的注册商标,而且被诉商品的包装、装潢,宣传推广、被告企业字号均在刻意模仿原告享有盛誉的"汇源"果汁。被告自我宣传的经营规模、产品销售额以及审计报告等,对损害赔偿的认定也起到了至关重要的作用。

在确权程序及后续行政诉讼中,商标局、商评委和法院均认定原告注册商标"汇源"在果汁饮料等商品上达到驰名状态,天之高公司在第29类罐头等商品上申请、注册的一系列"汇源"商标侵犯了北京汇源公司在先驰名商标,不予核准注册或宣告无效。同时,对于天之高公司购买的在先第242665号"汇源及图"注册商标的"撤三"案件，商评委予以维持，但二审法院从天之高提供的使用证据的证据链不完整、实际使用的标识并非诉争商标等角度，推翻商评委裁定，该商标最终被撤销。商标确权程序的结果，无疑对民事诉讼起到了非常正面、积极的支持作用。

三、典型意义

2013年《商标法》修改以后，一旦异议失利，恶意抢注的商标就可能摇身一变成为"注册商标"，加重了此前已经出现的被诉商标标识属于注册商标给在先商标权人带来的维权困境。被诉标识审理期间仍属注册商标，原告的在先商标是否必须达到驰名才能受到保护？被告注册商标审理期间已被宣告无效，那么对被告此前的使用行为追溯侵权责任是否应以恶意为必要？最高人民法院的这份判决，虽然在这两个问题上仍然是经典的"留白"，但至少给我们指出了大致的方向：被诉商标标识已经获准注册不是侵权人的有效"保护伞"；注册商标被宣告无效后自始无效，被诉侵权行为发生之时系合法使用当时尚属有效的注册商标，因此不构成侵权或不应赔偿的抗辩意见，不能成立。集佳律师事务所代理北京汇源公司，在商标民事侵权诉讼、商标无效宣告、商标撤销等多条战线发力并取得胜诉，全面压制了荷泽汇源公司的各项抗辩意见，最大程度上维护了客户的合法权益！

从美孚农药案看已注册驰名商标的侵权判赔及"刺破公司面纱"

报送单位：中国国际贸易促进委员会专利商标事务所
撰稿人：胡刚　赵玲

一、案情介绍

（一）基本事实

"美孚"和"MOBIL"是使用在润滑油商品上的驰名商标。商标所有人埃克森美孚公司是世界上知名的跨国企业，也是世界领先的石油和石化公司。自2010年起，"埃克森美孚"连续被评为"Brandz最有价值全球品牌100强"。《财富》中文网站2000~2014年世界500强排行榜中，埃克森美孚公司名列前茅。"美孚"和"MOBIL"商标经过在市场上长期、大量的使用和宣传，在润滑油产品领域内已经广为知晓。

本案被告之一张智敏分别于2004年9月10日、2004年10月21日向中国商标局申请在1类、5类商品上注册侵权商标"MEIFU 美孚"，即第4263121号"MEIFU 美孚"商标，指定使用商品为国际分类第1类的"海藻（肥料），氮肥，农业肥料，肥料制剂，腐殖质，混合肥料，植物生长调节剂，化学肥料，植物肥料，动物肥料"；第 4321774 号"MEIFU 美孚"商标，指定使用商品为国际分类第 5 类的"杀害虫剂，灭干朽真菌制剂，杀昆虫剂，灭幼虫剂，除草剂，土壤消毒剂，治藤蔓病化学药剂，杀寄生虫剂，杀螨剂，鼠药"。经过异议复审、行政诉讼程序，上述两件商标最终被判定不予核准注册。

（二）当事人主张

2014 年 4 月 27 日，埃克森美孚公司在"第十五届中国（寿光）国际蔬菜科技博览会"上发现被告二和三（中科公司、北农公司）生产和销售的使用"MEIFU 美孚"商标的化肥和农药产品。2014 年 12 月 15 日，埃克森美孚公司向北京知识产权法院（下称"北京知产法院"）提起诉讼，主张四被告（中科公司、北农公司、张智敏、张丹丹）自 2004 年开始生产和销售使用"MEIFU 美孚"商标的农药、肥料商品，并在被告四（张丹丹）登记注册的北农网（www.bngx88.com）及多个第三方网站上进行侵权产品的宣传和推广。

埃克森美孚公司主张四被告在化肥和农药商品上使用"MEIFU 美孚"商标的行为侵害了其在第 4 类润滑油等商品上注册的第 174431 号"MOBIL"商标和第 174458 号"美孚"商标的商标权，并主张其"MOBIL"和"美孚"商标为驰名商标，而被控侵权商标的使用会误导公众，造成减弱其驰名商标显著性等损害后果，请求法院判令被告停止侵害原告商标权的行为，连带赔偿美孚公司经济损失人民币 450 万元，以及为制止涉案侵权行为而支出的合理费用，并判令四被告在指定报刊和网站发表公开声明，消除影响。

(三) 裁判结果

2017年11月29日,北京市高级人民法院(下称"北京市高院")作出二审判决,认定埃克森美孚公司的"MOBIL"商标和"美孚"商标在侵权行为开始之前已经达到驰名的程度,相关公众能够将被控侵权行为涉及的商标与上述驰名商标建立相当程度的联系,且也存在相关公众将被控侵权产品的来源与埃克森美孚公司建立错误联系的可能性。因此,被控侵权行为破坏了"美孚"和"Mobil"与埃克森美孚公司在润滑油商品上的唯一对应关系,足以减弱驰名商标的显著性,致使驰名商标注册人的利益可能受到损害的情形。认定被控侵权行为属于2001年修改的《商标法》第五十二条第五项及2013年修改的《商标法》第五十七条第七项规定的侵犯注册商标专用权的情形,应当停止侵害,并承担相应侵权责任。认定涉案的四被告具有共同的加害行为和共同的侵权故意,应当承担连带赔偿责任。

法院综合考虑被控侵权人的获利、驰名商标的显著性和知名度等能够体现商标市场价值的因素,以及侵权时间、范围等能够影响损害大小的因素,对被控侵权行为给驰名商标所有人带来的损失进行合理评估,酌情确定中科公司、北农公司、张智敏、张丹丹共同赔偿埃克森美孚公司300万元,张丹丹在30万元的范围内承担连带赔偿责任,并赔偿埃克森美孚公司相关合理支出。

二、代理技巧和心得体会

案件的胜利,离不开代理人的专业能力、创造性工作和团队的力量,尤其是对案件焦点以及法律条款的准确理解和把握。

作为代理人,基于专业素养和丰富的经验,充分认识到本案的焦点问题在于：

（1）对于不同语言构成的文字商标，如何认定是否构成近似商标。通常情况下，所谓近似商标是指两商标的文字、读音、含义或者图形的构图及颜色，或者其各要素组合后的整体结构相似，或者其立体形状、颜色组合近似，容易使相关公众对商品来源产生误认或者认为其来源具有特定联系。本案被控侵权商标"*MEIFU*美孚"为汉字加汉语拼音构成，引证商标"MOBIL"为英文字母组合，二者的构成文字不同，读音有差异，含义不同，视觉效果的差异也比较大。但是，美孚公司的"MOBIL"商标经过长期使用和广泛的宣传，已经与其中文商标"美孚"建立了一一对应的关系。相关消费者看到被控侵权商标，会联想到中文"美孚"及其对应英文商标"MOBIL"，因此存在混淆误认的可能。代理人在本案中提交了相关证据，用于证明美孚公司的英文商标和中文商标之间已经形成了对应关系，且该对应关系为相关公众所知晓，包括《朗文现代英语大辞典》的记载，Mobil可以翻译为埃克森美孚公司的商标。而且，被控侵权产品在实际使用过程中，也存在一并使用"Mobil"和中文"美孚"的情形。最终，法院以"混淆误认可能性"为标准，认定对于具有翻译关系的不同种语言构成的文字商标，当其存在一一对应关系时，则可以认定两者构成近似商标。

（2）如何正确理解《最高人民法院关于审理涉及驰名商标保护的民事纠纷案件应用法律若干问题的解释》（下称《驰名商标司法解释》）第九条第二款规定的"减弱驰名商标显著特征"的情形。在中国，《商标法》中没有对商标淡化的规定，但是实践中学者和专家对商标淡化有大量的研究和专著。实践中，请求认定驰名商标并予以跨类保护，通常需要考虑两个方面的问题：第一是请求保护的商标是否已经达到驰名的程度；第二是驰名商标是否可以在相关类别的商品和服务获得跨类保护。本案中，美孚公司主张其在第4类的润滑油等商品上在先注册和使用的"MOBIL"和"美孚"为驰名商标，并主张获得驰名商标跨类保护。被控侵权的商品为第1类的农药和第5类的化肥，与第4类的润滑油在功能用途等方面存在一定的差异。代理人在提交了大量使用和宣传证据的基础上，认真分析了被控侵权的商标在第1类的农药和第5类的化肥商品上使用可能给美孚公司的驰名商标造成减弱显著性的损害后果。虽然商品本身的差别较大，但是"MOBIL"和"美孚"自身的显著性较强，并且都是无特定含义的非固定搭配的字母和文字组合构成，与美孚公司之间具有唯一的对应性。通过长期使用和广泛宣传，"MOBIL"和"美孚"商标的知名度较高，而农药和化肥也属于化工类产品，被控侵权商标使用商品的相关公众与美孚公司的"MOBIL"和"美孚"商标所使用商品的相关公众有较大程度的交叉重合，因此，尽管被控侵权商标的注册和使用不会导致相关公众的混淆误认，也会造成"MOBIL"和"美孚"商标自身显著性被减弱的损害后果。二审法院经过审理认为，认定诉争商标与驰名商标具有相当程度的联系并导致驰名商标的显著性减弱，可以考虑以下因素：驰名商标的显著性和知名度，相关公众的重合程度，标志的近似程度，驰名商标权利人的经营情况以及诉争商标的使用方式。

（3）在公司法人实际操控下以公司名义实施的侵权行为，法人是否应当承担连带责任。本案被告张智敏既是北农公司和中科公司的法定代表人，也是被告张丹丹的直系亲属。代理人在收集和整理证据时发现张智敏显然是本案的关键性人物,他还申请注册了被控侵权的两件商标:第 4263121 号"MEIFU 美孚"商标,指定使用商品为国际分类第 1 类的"海藻(肥料),氮肥,农业肥料,肥料制剂,腐殖质,混合肥料,植物生长调节剂,化学肥料,植物肥料,动物肥料";第 4321774 号"MEIFU 美孚"商标,指定使用商品为国际分类第 5 类的"杀害虫剂,灭干朽真菌制剂,杀昆虫剂,灭幼虫剂,除草剂,土壤消毒剂,治藤蔓病化学药剂,杀寄生虫剂,杀螨剂,鼠药"。美孚公司对该两件商标申请均提起了异议复审申请和行政诉讼,最终两件商标被不予核准注册。代理人在本案中提交了张智敏在上述商标异议复审和行政诉讼中提交的商标使用证据,包括使用许可授权书、委托加工协议、广告发票以及宣传材料等。张智敏作为中科公司和北农公司的法定代表人,清楚知晓北农公司和中科公司实施的侵权行为。张智敏具有追求或放任被控侵权行为导致损害后果的故意。因此,张智敏与中科公司、北农公司具有共同的侵权故意,应承担连带赔偿责任。二审判决完全支持了美孚公司的该项诉讼请求。

(4)关于在本案中主张驰名商标跨类保护和侵权赔偿数额的确定。依据现行《商标法》第六十三条第三款的规定,权利人因被侵权所受到的实际损失、侵权人因侵权所获得的利益、注册商标许可使用费难以确定的,由人民法院根据侵权行为的情节判决给予三百万元以下的赔偿。本案中,代理人在取得侵权获利较为困难的情况,收集提交多篇关于农药行业利润率的报道以相互引证。而北农公司和中科公司作为农药化肥行业的经营者,没有提供任何相关的证据,并主张并无销售利润,但其提交的零利润的纳税报表与其相关公证书记载的销售事实明显不符。法院认定:

被控侵权商标是北农公司和中科公司生产销售农药化肥商品的主要商标,并综合考虑被控侵权人的获利、驰名商标的显著性和知名度等能够体现商标市场价值的因素,以及侵权时间、范围等能够影响损害大小的因素,对被控侵权行为给驰名商标所有人带来的损失进行合理评估,酌情确定中科公司、北农公司、张智敏、张丹丹共同赔偿埃克森美孚公司300万元,张丹丹在30万元的范围内承担连带赔偿责任。

北京市高院对驰名商标的认定,中英文商标具有固定关系的认定等对埃克森美孚公司非常重要,有助于取得对其他抄袭模仿"MOBIL""美孚"的商标所提异议和无效案件的胜利。同时,法院综合考虑被控侵权人的获利、驰名商标的显著性和知名度等能够体现商标市场价值的因素,以及侵权时间、范围等能够影响损害大小的因素,对被控侵权行为给驰名商标所有人带来的损失进行合理评估,酌情确定了法定赔偿的上限300万元,并且"刺破公司面纱",判令被告的法定代表人与公司对侵权行为承担连带责任,最大限度地保护了权利人的利益,对这类侵害他人驰名商标的行为予以严厉打击,对今后类似案件的司法审判具有重要的指导意义。

三、典型意义

北京市高院的判决在下面四个问题的认定上具有重要意义。

(一)不同语言构成的文字商标,容易导致相关公众的混淆误认的,可以认定商标近似

北京市高院经过审理认定,所谓近似商标是指两商标的文字、读音、含义或者图形的构图及颜色,或者其各要素组合后的整体

结构相似,或者其立体形状、颜色组合近似,容易使相关公众对商品来源产生误认或者认为其来源具有特定联系。对于具有翻译关系的不同种语言构成的文字商标,当其存在一一对应关系时,则可以认定两者构成近似商标。

(二)如何理解《驰名商标司法解释》第九条第二款规定的"减弱驰名商标的显著性"情形

北京市高院判决认为,所谓减弱驰名商标的显著性是指减弱驰名商标与其所有人在特定商品上形成的唯一对应关系。驰名商标的价值来源于上述显著性,因此,驰名商标制度旨在保护此种唯一对应关系免遭破坏。减弱驰名商标与特定商品的对应关系以及减弱驰名商标与其所有人的对应关系均属于上述减弱驰名商标显著性的类型。如果诉争商标使用的商品并非其赖以驰名的商品,相关公众错误地认为来源于驰名商标所有人,则驰名商标与其赖以驰名商品的唯一对应关系遭到破坏,驰名商标的显著性被减弱。如果诉争商标使用的商品并非其赖以驰名的商品,相关公众虽然认为驰名商标所有人不会提供该商品,亦不会对商品的来源产生混淆误认,但看到诉争商标却会在相当程度上联想到驰名商标的所有人,则对驰名商标和所有人之间唯一对应关系产生破坏,驰名商标的显著性被减弱。

(三)公司的法定代表人与公司有共同的侵权故意,对以公司名义实施的侵害商标权的行为承担连带责任

"刺破公司面纱"即指在特定的情况下,法律不顾公司法人的人格独立特性,追溯公司法律特性背后的实际情况,从而责令特定的公司股东直接承担公司的义务和责任。在知识产权案件中运用"刺破公司面纱",直接追责公司的法定代表人或者股东,

让其对侵害他人知识产权的行为承担连带责任,在判决的执行阶段有十分重要的意义,能够最大限度地保护合法权利人的利益,真正起到有效制止和打击侵权行为的效果。在本案中,法院认定,张智敏与中科公司、北农公司具有共同的侵权故意,应与中科公司、北农公司承担连带赔偿责任。

(四)赔偿数额的确定

复制、摹仿、翻译他人注册的驰名商标或其主要部分在不相同或者不相类似商品上作为商标使用,误导公众,致使该驰名商标注册人的利益可能受到损害的,构成侵害他人商标权的行为,应当承担赔偿责任。但由于驰名商标核定使用的商品或服务与被控侵权产品或服务系不相同或不类似的商品与服务,两者并不存在替代关系,因此,驰名商标保护中的损害赔偿数额不宜单纯以权利人销售收入的减少量或被控侵权人销售侵权产品的获利为计算基础。二审法院考虑被控侵权人的获利、驰名商标的显著性和知名度等能够体现商标市场价值的因素,以及侵权时间、范围等能够影响损害大小的因素,对被控侵权行为给驰名商标所有人带来的损失进行合理评估,酌情确定被告连带承担法定赔偿额的上限300万元。

从"新华字典"案看未注册驰名商标的侵权判赔问题

报送单位：北京市万慧达律师事务所

撰稿人：王宇明

一、案情介绍

（一）基本事实

《新华字典》首次出版于1953年；该字典是新中国第一部以白话释义和举例的普及性小型汉语工具书，其最初版本由国家有关部门组织力量编纂。由于20世纪50年代特殊的历史背景，该字典在由人民教育出版社短暂出版后，经相关部门安排，于1957年转由商务印书馆进行出版。自1957年以来，商务印书馆为《新华字典》的修订、出版、发行及品牌维护投入了持续的资源和努力。1957~2017年，商务印书馆已经出版了11版《新华字典》的通行版本，其中有商务印书馆自己修订的版本，也有其他机构参与修订的版本；但商务印书馆始终是《新华字典》的唯一出版者和经营者。

历经时代变迁，这本巴掌大的小字典，已经成长为辞书领域的经典品牌。2016年4月，吉尼斯世界纪录机构宣布《新华字典》获得"最受欢迎的字典"和"最畅销的书（定期修订）"两项吉尼斯世界纪录，并确认《新华字典》的全球发行量已达5.67亿册。

（二）当事人主张

2016年，商务印书馆向北京知识产权法院（下称"北京知产法院"）提起民事诉讼，指控北京一家出版社自2012年开始出版的《实用新华字典》等15个版本的字典侵害了"新华字典"的未注册驰名商标权，并指控其中部分版本还侵害了《新华字典》（第11版）的特有装潢。截至起诉时，"新华字典"文字标识尚未申请商标注册。在诉讼中，原告提供的证据显示，被告自2012年起至少出版了95万册的侵权字典，涉及码洋超过2000万元。

（三）裁判结果

2017年12月，北京知产法院就该案作出（2016）京73民初277号民事判决。该判决认定"新华字典"为未注册驰名商标，并认定被告还存在侵犯《新华字典》（第11版）特有装潢的不正当竞争行为。在判赔方面，该判决突破了过去对未注册驰名商标的侵权行为不判赔的固有观念，参照注册商标的侵权判赔条款（《商标法》第六十三条），支持了原告的赔偿请求，判决被告承担300万元的侵权赔偿责任。对判赔问题，该判决给出了三点主要理由：（1）《商标法》明确规定未注册驰名商标应受到《商标法》的保护；（2）《侵权责任法》规定侵害他人民事权益的，应当承担侵权责任；（3）未注册驰名商标之所以获得保护是因为其经过长期大量使用而获得较高知名度，他人在与其相同或类似商品上使用未注册驰名商标，属于搭便车行为，获得了不当利益且损害了未注册驰名商标的利益。最后，该判决援引了《侵权责任法》第十五条等规定，判令被告承担赔偿责任。

二、代理技巧

在处理此案之处，笔者认为，"新华字典"的知名度证明事宜虽是代理工作的重要内容，但能否通过此案让客户获得一定的经济赔偿，弥补经济损失，也是客户十分关心的问题。但很遗憾，根据此前的司法实践，基本没有对未注册驰名商标案件支持判赔的生效先例，而且相关法律规定和司法解释并未明确指出针对未注册驰名商标的侵权行为可判决赔偿。为此，笔者梳理了相关法律条款，根据新法优于旧法、法律的位阶高于司法解释的原则，选定了主张赔偿的法律依据是 2010 年生效实施的《侵权责任法》第十五条第六项"承担侵权责任的方式主要有……（六）赔偿损失"，随后针对被告侵权产品的销售册数、地域、持续时间、行业平均利润率等关键事实的证据固定，最终说服法院支持了我方当事人针对未注册驰名商标侵权行为的判赔主张。

2001 年，中国《商标法》正式将未注册驰名商标纳入保护范围。修改后的《商标法》第十三条第一款规定"就相同或者类似商品申请注册的商标是复制、摹仿或者翻译他人未在中国注册的驰名商标，容易导致混淆的，不予注册并禁止使用"。此处提到了"不予注册并禁止使用"，但是，如果"使用"了，除了应当承担停止使用的责任外，是否应当承担赔偿责任？这个问题在《商标法》层面并未得到解决。

2002 年，最高人民法院发布了法释〔2002〕32 号《最高人民法院关于审理商标民事纠纷案件适用法律若干问题的解释》；该《解释》第一条第二项规定，在非类似商品上使用驰名的注册商标造成损害的，视为商标侵权并应承担包括赔偿在内的法律责任，但第二条规定"依据商标法第十三条第一款的规定，复制、摹仿、翻译他人未在中国注册的驰名商标或其主要部分，在相同或者类似商品上作为商标使用，容易导致混淆的，应当承担停止侵害的民事法律责任"。此处依然没有明确侵权人是否应当承担赔偿责任，并在司法实践中造成了一种刻板印象，即对于未注册驰名商标的侵权责任仅限于停止侵权，不再判决侵权人承担赔偿责任。

2010年7月1日生效的《侵权责任法》第二条明确了该法适用于"商标专用权"等人身及财产权益，且第十五条第六项的侵权责任承担方式包括了"赔偿损失"。但是，迄今暂无引用该法条支持未注册驰名商标侵权判赔的先例。

2013年，新修改的《商标法》将原2001年《商标法》第十三条第一款变更为第十三条第二款，但没有对未注册驰名商标的侵权人应承担的法律责任做进一步扩展。

由于中国对商标保护采取注册优先的思路，所以未注册商标（含未注册驰名商标）的保护机制并不发达。在司法实践中，通过民事侵权案件获得保护的未注册驰名商标更是屈指可数。在笔者检索到的2017年之前的民事案例中，法院基本上一致地认为未注册驰名商标的侵权人无须承担赔偿责任。

例如，在2007年的"苏富比"一案中，原告虽提出了赔偿经济损失及合理支出的要求，但北京市第二中级人民法院在（2007）二中民初字第11593号民事判决中仅支持了部分合理开支，对赔偿经济损失的请求并未支持。对此，法院给出了如下理由：鉴于被告从事拍卖活动所涉及的拍卖物种类与原告差异较大，原告尚不能在中国大陆进行商业性拍卖活动，及我国对未注册驰名商标保护的法律规定，本院在酌情考虑合理费用的基础上，对原告其他的赔偿请求，不予支持。

此外，在"诸葛酿"一案中，佛山市中级人民法院在（2007）佛中法民知初字第105号民事判决中认为，根据《最高人民法院关于审理商标民事纠纷案件适用法律若干问题的解释》第二条的规定，对于未注册驰名商标的侵权行为"仅应当承担停止侵害的民事法律责任"，而不承担赔偿损失的民事法律责任。

三、心得体会

为了让法院能够理解并支持我方针对未注册驰名商标侵权的判赔主张，笔者在法律梳理的基础上，进行了法理的阐述，并且通过大量的赔偿证据，让法官感受到如不突破过去对司法解释的刻板印象，不判决被告承担赔偿责任，则显失公正，违反填平原则。在赔偿证据方面，有两方面的证据对判赔起了较大的作用：一是笔者通过法院签发的《委托调查函》到北京市新闻出版局调取了被告出版发行95万余册的记录（约2300万元的图书码洋）；二是公证了国家新闻出版广电总局网站上关于出版企业平均利润率方面的报道。这两项证据可以清楚证明被告通过侵权获得了大量的非法利润。

四、典型意义

依法理，当法律对于特定事项未作规定，而致法律漏洞产生时，客观上要求法官在案件审理时进行漏洞补充。对于未注册驰名商标的侵权判赔问题，虽然法律没有设定具体规范，但本案运用漏洞补充的方法，进行了合理判赔，对后续类似案件的处理具有先例价值。

依法理，知名商品的特有名称与未注册驰名商标，同样都是未注册的具有识别商品来源作用的商业标识。在侵权判赔规则方面，二者亦应采取大致相当的判赔规则，才符合公平、正义的基本法治理念。

1993年修改的《反不正当竞争法》第五条对"知名商品特有名称"设定了具体的保护规则，并在第二十条规定"经营者违反本法规定给被侵害的经营者造成损害的，应当承担损害赔偿责任"。2007年出台的《最高人民法院关于审理不正当竞争民事案件应用法律若干问题的解释》第十七条第一款作进一步规定，即对于违反《反不正当竞争法》第五条的不正当竞争行为的损害赔偿额，可以参照确定侵犯注册商标专用权的损害赔偿额的方法进行。根据上述规则，在本案起诉时，针对侵害知名商品特有名称权的行为，可以参照2013年修改的《商标法》第六十三条的规定进行判赔。具体到未注册驰名商标，其与注册商标、知名商品特有名称相比，也同样都是发挥识别商品来源作用的商业标识，如果在侵权判赔规则上差异过大，不仅会造成《商标法》与《反不正当竞争法》保护力度上的失衡，还会造成《商标法》内部条款之间明显的不均衡。

"新华字典"案判决首先依据2010年实施的《侵权责任法》第二条和第十五条，推理确定侵害未注册驰名商标应承担赔偿的侵权责任；其中，《侵权责任法》第二条规定，侵害商标专用权等人身、财产权益的，应当依照该法承担侵权责任；第十五条规定，侵权人承担侵权责任的方式包括"停止侵害"和"赔偿损失"等具体方式。其次，"新华字典"案判决从未注册驰名商标受《商标法》保护的立法目的出发，结合原告客观上受损及被告客观上不当获利的基本事实，认定对未注册驰名商标的侵权判赔，可以参照注册商标的侵权判赔条款，即可以参照现行《商标法》第六十三条的规定。

　　从上述分析可见，"新华字典"案判决所采用的未注册驰名商标侵权判赔规则，具有漏洞补充的价值，对后续类似案件的处理具有重要参考价值。笔者认为，未注册驰名商标侵权案件的增多，为法院重新思考和审视未注册驰名商标的保护规则提供了越来越多的机会。相信随着司法实践及立法的发展，对未注册驰名商标侵权的赔偿规则能够得到进一步明确。

"老字号"商标在先使用权的保护
——"麦香村"商标侵权及不正当竞争民事诉讼案

报送单位：北京东钲律师事务所
北京东正知识产权代理有限公司
撰稿人：郑欣　淮利明

一、案情介绍

（一）基本情况

2017年6月30日，北京西贝餐饮管理有限公司（下称"西贝公司"）以侵害商标专用权及不正当竞争为由向呼和浩特市中级人民法院（下称"呼和浩特市中院"）对内蒙古麦香村餐饮娱乐有限公司（下称"麦香村公司"）提起诉讼。麦香村公司遂委托北京东钲律师事务所律师作为诉讼代理律师进行应诉。

西贝公司法定代表人贾国荣于2006年7月14日从简炳煌处购得第1061694号"麥香村"商标并递交商标转让申请，2008年5月21日核准转让，该商标核定使用服务为"餐馆，自助餐馆，快餐馆，旅馆，住所（饭店、供膳寄宿处），提供营地设施，提供展览会设施，养老院"。2006年9月15日，贾国荣又向商标局申请注册了第43类第5607991号"麦香村"商标,于2010年7月28日核准注册,核定使用的服务为"餐厅,饭店,餐馆,快餐馆,假日野营服务(住宿),提供营地设施"。贾国荣将上述两商标独占许可给西贝公司使用。

2017年,西贝公司认为麦香村公司在未经贾国荣允许的情况下,在餐饮店的招牌等物品上使用"麦香村"商标,且使用"麦香村"商号及将"中华老字号"进行突出宣传属于不正当竞争行为,涉嫌违反《商标法》第五十七条、第五十八条及《反不正当竞争法》的规定,诉求停止侵权、消除影响并赔偿300万元的经济损失。

(二)当事人主张

麦香村公司辩称:"麦香村"始建于1933年前后,近90年的风雨飘摇,从一个小饭馆发展成为"麦香村饭庄",1951年"麦香村"转为全民所有制。1985年"麦香村"开启重建,1987年重建完成、开业。新店竣工开业时,内蒙古自治区政府原主席布赫也为"麦香村"题写店面,招牌下面有布赫也主席的落款印章。如今这块招牌挂在原地方已30余年。1990年呼和浩特市饮食服务公司麦香村(国有企业)成立,对"麦香村"进行管理和经营。2003年当地政府对呼和浩特市饮食服务公司麦香村进行国有企业改制,呼和浩特市欧亚长江商贸有限责任公司购买下"麦香村"的房屋所有权、土地使用权及"麦香村"字号的所有权。2009年欧亚长江公司成立了本案被告麦香村公司,并授权麦香村公司开始经营、管理"麦香村饭庄"。同时,无论是呼和浩特市人民政府,还是内蒙古自治区人民政府,均认可欧亚长江公司传承了"麦香村"的非物质文化遗产技艺。

"麦香村饭庄"具有近百年的历史,在两"麦香村"商标申请之前就已经存在,虽几经人手,但一直持续经营至今。"麦香村"经过几代人的努力,在当地广受欢迎,是当地餐饮的老字号企业,也是自治区、市级非物质文化遗产项目。麦香村公司作为"麦香村"品牌和字号的合法继受者,使用"麦香村"字样的行为属于《商标法》第五十九条第三款规定的在先使用,不构成侵权,也不构成不正当竞争行为。

(三)裁判结果

呼和浩特市中院认为:麦香村公司虽然成立时间晚于涉案两商标的申请日期。但从"麦香村"近百年的发展历程来看,尽管经营者一直在变化,从官僚资本到全民所有再到民营,但"麦香村"的经营理念、制作技艺等一直在传承,这些经营者都为"麦香村"的发展做出了贡献。而西贝公司对"麦香村"商标的使用非常有限。且麦香村公司对"麦香村"的使用,是有合法依据的,也是一脉相承的,不具有攀附西贝公司商标知名度的主观愿望,符合《商标法》第五十九条第三款的规定,不构成商标侵权,不需要承担相应的侵权责任,可以在"原有范围"内继续使用,使用时附加适当标识。

经查明,麦香村公司使用"麦香村"商号是基于呼和浩特市饮食服务公司麦香村通过国企改制将"麦香村"商号所有权转让给其母公司欧亚长江公司。呼和浩特市饮食服务公司麦香村在西贝公司两商标申请之前就一直使用"麦香村"商号。因此,麦香村公司该商号并不会误导公众,不构成不正当竞争行为。

经查明,"麦香村饭庄"于1933年就营业了,虽几经波折,但1987年重新开业,呼和浩特市政府还在"麦香村饭庄"举行慰问招待会,庆祝内蒙古自治区成立40周年。1997年9月18日,《呼和浩特晚报》对"麦香村"进行了报道,称之为中国百家老字号餐饮店之一。在普通老百姓中,"麦香村"也是远近闻名。"麦香村稍麦制作技艺"也被评为呼和浩特市、内蒙古自治区两级非物质文化遗产。"麦香村饭庄"经过近百年的发展,拥有世代传承的技艺、具有鲜明的地域特色,取得呼和浩特地区的广泛认同。麦香村公司将之称为"中华老字号"是对现有事实的一种确定,不构成虚假宣传。

最终,呼和浩特市中院判决驳回西贝公司的所有诉讼请求,由西贝公司承担本案的全部诉讼费用。

原告西贝公司对一审判决没有上诉,现在该判决已经生效。

二、代理技巧

本案代理律师以《商标法》第五十九条第三款的在先使用进行抗辩。因为"麦香村饭庄"的历史久远,经历了90多年,横跨新中国成立、"文革"、改革开放、国企改制等多个重要时期,很多历史资料已经丢失。案件的办案重点在于尽量收集"麦香村"在先使用的证据材料,证明麦香村公司与"麦香村饭庄"的传承关系,用有限的证据还原近百年的历史。

为了证明在先使用的情况,代理律师走访了各级图书馆、档案馆,查询了一些早期的报纸报道;与"麦香村"的老职工沟通交流,收集到了"麦香村"曾经申请"中华老字号""非物质文化遗产"的文件资料;并对"麦香村"国企改制的一些文件申请了法院调查取证。在代理律师看来,虽然证据有断代,但传承是没有断代的。代理律师尽力举证,也让法庭确实了解到了"麦香村"的历史，从而确定了麦香村公司在先使用、合法使用、善意使用的事实。

三、心得体会

《商标法》第五十九条第三款规定"先用抗辩"的适用要件为：（1）他人在注册商标申请日之前存在在先使用商标的行为；（2）该在先使用行为原则上应早于商标注册人对商标的使用行为；（3）该在先使用的商标应具有一定影响；（4）被诉侵权行为系他人在原有范围内的使用行为。在适用要件（2）时应将在先使用人的善意作为重要考量因素；对于要件（4）"原有范围"的理解，应考虑商标、商品或服务、使用行为及使用主体等要素。

四、典型意义

根据《商标法》规定的注册制度，商标专用权仅基于注册产生，与商标是否使用无关。但商标作为一种商业符号，其价值本质上仍源于商标在经营活动中的实际使用，只有经过实际使用的商标才可能发挥标识功能。一个已经实际使用的商标，即使未经注册，但由于其已负载了一定的商誉，亦已产生应予保护的正当利益，商标注册人不能剥夺商标在先使用人经过正当、合法的投资和使用而产生的商誉和利益。《商标法》第五十九条第三款的规定赋予商标在先使用人针对他人注册商标的在先使用抗辩权，便是在注册原则作为基本原则之外，为商标在先使用人提供的补充保护。

本案是内蒙古自治区首例涉及首府地区百年老字号的侵权案，是一个典型的利用《商标法》第五十九条第三款进行在先使用抗辩的案例，体现了《商标法》在保护注册商标的前提下，亦对在先使用并有一定影响力的商标给予适当保护，以弥补商标注册制度的不足。该案对呼和浩特市、内蒙古自治区，乃至全国各地对传统品牌、老字号品牌的保护都具有良好的借鉴意义。

惩罚性赔偿制度在商标侵权案件中的适用
——"GFLA"商标侵权案件

报送单位：北京多禾律师事务所

撰稿人：孔欢　李国华

一、案情介绍

（一）基本事实

"FILA"（斐乐）品牌于1911年由FILA兄弟在意大利创立。20世纪70年代起，斐乐开始实施多元化策略，拓展运动服装业务，开发了高尔夫、网球、健身、瑜伽、跑步及滑雪等系列产品，成为知名运动品牌。2008年斐乐体育有限公司（下称"斐乐公司"）在第25类服装、鞋等商品上经授权取得""""""""""等商标在中国的独占许可使用权。多年来，斐乐公司一直将"FILA"系列商标用于其生产、销售的服装及鞋上，并投入巨额广告费进行各种商业推广活动及宣传，使该品牌在国内外的美誉度持续提升。

2016年6月，斐乐公司发现，经"GFLA 杰飞乐"商标权利人刘某授权，由浙江中远鞋业有限公司（下称"中远鞋业公司"）生产，其关联公司瑞安市中远电子商务有限公司（下称"中远商务公司"，后更名为"温州独特电子商务有限公司"）销售的

"GFLA 杰飞乐"品牌帆布鞋未使用其注册商标,却使用与斐乐公司上述注册商标相近的"飛樂(中國)""GFLA""G"等标识(下称"侵权标识"),从字母构成、字体到配色等方面都故意摹仿"FILA"系列商标独特且具有极高独创性的表达方式,还刻意模仿斐乐公司产品的包装装潢。同时各被告将刘某在香港设立的飛樂(中國)有限公司标识"飛樂(中國)"突出显示在侵权产品外包装上。

(二)当事人主张

斐乐公司认为中远鞋业公司、中远商务公司和刘某的行为构成商标侵权和不正当竞争,故起诉至北京市西城区人民法院(下称"西城法院"),要求停止生产、销售侵权商品,并赔偿经济损失及合理支出941万元等。

(三)裁判结果

经审理,西城法院一审认定:中远鞋业公司、中远商务公司使用"GFLA""G""飛樂(中國)"标识侵犯了斐乐公司"FILA""FILA""斐樂"注册商标的专用权,刘某共同参与侵权行为须承担连带责任。法院判令中远鞋业公司、中远商务公司、刘某立即停止对斐乐公司涉案注册商标专用权的侵害,赔偿经济损失791万元及合理支出41万元。三被告上诉至北京知识产权法院(下称"北京知产法院"),二审法院维持了一审判决。

二、代理技巧和心得体会

首先,诉讼策略尽量考虑周全。提起诉讼之前,我们收集整合各方调查结果,确定最终的诉讼方案。中远鞋业公司为了避免承担商标侵权责任，在部分侵权商品上标注的生产厂商为"上海慧奔鞋业有限公司"。我方前往上海实地调查发现其为刘某成立的空壳公司，为了保证诉讼文书能及时有效送达，缩短案件审理进程，并未直接将其列为被告，而是将该主体作为刘某蓄意攀附"FILA"商誉的手段之一。刘某在香港成立的"飛樂（中國）有限公司"情形亦与此相同。为了能在本案中彻底制止侵权行为，我方通过对涉嫌侵权主体的组织构架，关键人物在其中所起的作用，以及刘某实际参与侵权行为的过程进行了相应的事实和法律分析，法院根据我方查明的事实认定刘某在侵权行为上具有主观恶意，进而认定其与中远鞋业公司、中远商务公司共同构成商标侵权并承担连带赔偿责任。这一诉讼方案确保了该案审判和执行程序的高效进行。

　　关于侵权事实的认定。中远鞋业公司等被告并非孤立地仅在侵权标识的使用形式上抄袭模仿"FILA"系列商标，其侵权商品的包装、装潢亦对斐乐公司进行了抄袭模仿。不仅如此，侵权商品包装盒上标注的"飛樂（中國）"字样更是易被相关公众误认为斐乐公司对侵权商品进行了授权。在代理本案时，我们虽然在诉前评估时认为现有证据难以使法院认定侵权商品构成侵害知名商品特有包装、装潢这一不正当竞争行为，但为了加强法院在认定商标侵权时对中远鞋业公司等具有主观恶意侵权的认知，仍坚持主张不正当竞争，使本案得以顺利地认定中远鞋业公司等构成商标侵权。

　　其次，证据准备尽量充分。"有事实，才有法律"，长期以来，我国司法实践深受知识产权损害赔偿计算难、判赔数额低的困扰，因素之一在于权利人举证不足。在该案中我所律师积极举证，提供了侵权方的网络销售数据，线下侵权证据，积极申请法院调取证据，通过侵权人对外公布的年报、宣传资料、侵权人的网站、媒体报道等，获得侵权人获利的证据，为法官进一步合理地确定损害赔偿额打下了良好的基础。

在具体赔偿数额的计算方式上，法律法规并无明确规定。因此赔偿数额的认定，需要我方提供具有说服力的证据。通过侵权方的自我宣传、纳税报道以及其线上销售收入统计等事实，结合法院在先案例中总结的计算方法，我方确定了基础的侵权赔偿数额。依据我方搜集的证据主张多种赔偿计算方式，促使侵权人不得不提供其财务数据，法院以此为基础结合其恶意情形适用三倍惩罚性赔偿。

我们调查发现被告刘某所持有的"GFLA及图"注册商标在商标申请阶段被商标局驳回了"服装、鞋、帽"等商品上的注册申请，我方意识到其极有可能是由于FILA系列商标阻挡了该商标注册，因此申请法院调取了该证据，证实了我方的判断，并就此进一步加重了法院认定侵权人具有主观恶意，使法院认定本案适用惩罚性赔偿制度认定侵权人承担相应的赔偿责任。

最后，本案能适用三倍惩罚性赔偿，除了客户的配合、我们的细致准备工作外，还要归功于一二审法院对本案的高度重视，合议庭法官的专业性及敢于突破的司法精神。

三、案件评析

该案系2013年修改的《商标法》施行后适用惩罚性赔偿的典型案件，创下了西城法院知识产权庭成立以来的判赔额新高，加之FILA（斐乐）品牌具有较高社会知名度，故该案受到社会各界的广泛关注。

惩罚性赔偿制度来源于英美法系,是相对于填平性赔偿而言的,指侵权人给权利人赔偿数额大于其因实施侵权行为给权利人造成实际损害的数额,或者其因实施侵权行为而获得的非法利益的数额,或者按照其他计算损失的方法所计算之数额的侵权责任。❶ 惩罚性赔偿不仅对恶意侵权人进行了严厉惩罚,而且意在威慑其不敢重犯这种行为,并可能阻吓其他人效法这种行为。

现行《商标法》修改前,并没有惩罚性赔偿的明确规定。但在司法实践中,法院在适用法定赔偿时,侵权人的主观过错被认为是体现"侵权行为情节"的重要因素予以考虑。如果认定侵权人故意侵权,法院酌定的赔偿数额相对较高。另外,最高人民法院颁布的一系列指导文件也体现了适用惩罚性赔偿的司法政策。如 2007 年《最高人民法院关于全面加强知识产权审判工作作为建设创新型国家提供司法保障的意见》第 13 条指出要"贯彻全面赔偿原则……考虑当事人的主观过错确定相应的赔偿责任"。2009 年《最高人民法院关于当前经济形势下知识产权审判服务大局若干问题的意见》第 16 条指出要"增强损害赔偿的补偿、惩罚和威慑效果"。以上说明《商标法》修改前虽然没有明确规定惩罚性赔偿,但已经暗含了惩罚性赔偿原则,司法实践和司法政策也体现了惩罚性赔偿原则。❷

2013 年修改后的《商标法》第六十三条首次明确规定商标惩

---

❶ 曹新明. 知识产权侵权惩罚性赔偿责任探析——兼论我国知识产权领域三部法律修订 [J]. 知识产权, 2013 (4): 3-9.

❷ 龚麟天. 商标惩罚性赔偿想说爱你不容易 [EB/OL]. (2016-09-13) [2019-02-14]. http: //news. zhichanli. cn/article/2851. html.

罚性赔偿制度，但是发挥的效果仍然未能尽如人意。一些学者的研究和统计表明，在商标侵权案件中，商标权人主动主张惩罚性赔偿的案例可谓凤毛麟角，而适用惩罚性赔偿的判决更是寥若晨星，《商标法》惩罚性赔偿"案例难寻""难落地""难起步"甚至成为媒体报道和专业研讨的文章标题。[1] 有统计表明，自2008年6月我国知识产权战略开始实施以来，在商标侵权案件的判赔中，采用"法定赔偿"判赔标准的占97.63%。导致适用法定赔偿比例过高的原因可以归结为"客观不能"和"主观不愿"。所谓"客观不能"，是指知识产权的无形性和权利人的举证不足导致权利人损失和侵权人获利难以确定。所谓主观不愿，是指权利人基于诉讼成本等原因主观上不愿适用除法定赔偿之外的其他计算方式。

应当如何解决侵权损害赔偿遇到的问题，尤其是在何种情况下可以适用"惩罚性赔偿"呢？该案涉及惩罚性赔偿条款的具体适用及计算基数的确定等问题，对同类案件的审理具有参考意义。

（一）主观上的"恶意"和情节"严重"的认定

法院认定：中远鞋业公司、中远商务公司作为同类商品的经营者，理应知晓斐乐公司注册商标的知名度，其生产并且在京东商城、天猫商城、淘宝商城自营官方网站所销售的商品上突出使用与涉案商标近似的标志，且销售金额巨大；同时，商标局早在2010年7月就以第7682295号"GFLA及图"商标与第G691003A号"FILA"商标近似为由，驳回了第7682295号商标在"服装、

---

[1] 袁博. 从"GFLA商标案"，看"惩罚性赔偿"的适用[EB/OL]. (2018-07-09)[2019-02-14]. http://www.iprdaily.cn/article1_19354_20180709.html.

帽、鞋"上的注册申请，中远鞋业公司和中远商务公司等此时显然已经知晓斐乐公司在先注册的"FILA"系列商标。在此情况下各被告仍然继续生产和销售侵权商品，其主观恶意明显，侵权情节严重，应按照其因侵权获利的三倍确定赔偿数额。

（二）计算基数的确定

1. 一审法院按照营业利润计算

《最高人民法院关于审理专利纠纷案件适用法律问题的若干规定》第二十条第三款规定："侵权人因侵权所获得的利益一般按照侵权人的营业利润计算，对于完全以侵权为业的侵权人，可以按照销售利润计算。"一审法院参照了该司法解释的规定，营业利润计算方式为中远鞋业公司的营业收入扣减营业成本、营业税金及附加、销售费用、管理费用和财务费用。结合中远鞋业公司对外宣传其存在三个品牌，但并未提供证据证明每个品牌的销售量和获利情况，一审法院推定涉案被诉商品的营业利润所占比例为中远鞋业公司营业利润的三分之一，则中远鞋业公司侵权所获得的利润＝（营业收入－营业成本－营业税金及附加－销售费用－管理费用－财务费用）÷3，最终算出中远鞋业公司侵权所获得的利润为2638322元。该数即为适用三倍惩罚性赔偿的基数。

2. 二审法院按照侵权商品销售额×单位利润率来检验一审法院认定数额适当

《最高人民法院关于审理商标民事纠纷案件适用法律若干问题的解释》（下称《商标民事纠纷解释》）第十四条规定："侵权所获得的利益，可以根据侵权商品销售量与该商品单位利润乘积计算；该商品单位利润无法查明的，按照注册商标商品的单位利润计算。"上诉人提出的计算方式属于《商标民事纠纷解释》所规定的计算侵权获利的方式。第一,上诉人认可其在京东商城、天猫商城、淘宝网等网上平台以及线下实体店铺销售的被控侵权产品金额为1800万~2000万元;第二,上诉人提交了其所在的瑞安市鞋革行业协会出具的"夏季平底平跟休闲薄底帆布鞋成本价证明",给出了涉案侵权产品的一个比较官方的成本价格。结合以上事实,北京知产法院对上诉人的侵权获利进行了如下计算:①瑞安市鞋革行业协会给出的被控侵权产品单品的成本价为20.35元。上诉人在京东商城、淘宝网上销售的各类平底休闲鞋的价格在35元~69元不等,北京知产法院取最低值35元计算,则一双被控侵权商品的销售利润率至少为41.8%。②被控侵权商品的总销售额以上诉人自认的最低限1800万元计算。③根据《商标民事纠纷解释》第十四条的规定,上诉人2015年及2016年销售被控侵权商品的获利计算方式为:被控侵权商品销售总数额×被控侵权商品销售利润率=被控侵权商品销售获利。通过以上计算,得出上诉人的侵权获利数额为752.4万元,高于一审法院认定的2638322元。因此,可以得出结论,一审法院认定的赔偿数额并非像上诉人所述过高,上诉人主张调低赔偿数额的上诉请求没有事实及法律依据。

本案中一审法院及二审法院分别适用了不同的赔偿数额计算方式。一审法院参考《最高人民法院关于审理专利纠纷案件适用法律问题的若干规定》第二十条第三款规定,通过计算营业利润来认定侵权人的侵权获利;二审法院则适用《商标民事纠纷解释》第十四条的规定,通过计算侵权商品销售量与该商品单位利

润乘积来确定侵权人的侵权获利。❶

在商标侵权类型案件中往往认定的侵权主体为生产、销售企业,对个人侵权行为的认定寥寥无几。做出侵权行为的商业决策却取决于企业管理者,即使企业被认定承担侵权责任,幕后实际侵权人可轻易另行以其他公司名义继续实施类似的侵权行为,使权利人的维权目的落空。本案综合实际控制人的主观恶意及生产商、销售商的恶意,适用惩罚性赔偿,认定侵权人共同承担连带赔偿责任,极大地震慑了恶意侵权人。在当前恶意实施商标侵权、搭知名品牌便车的行为屡禁不止的情形下,本案的成功维权让侵权人有所警醒,从而营造出侵权人不敢侵权、不愿侵权、不能侵权的法律氛围。本案判决的作出,为同类案件的审理提供了可供借鉴的参考。

---

❶ 张天浩. 北京知识产权法院积极探索侵权赔偿数额计算方式,二审维持"FI-LA"商标侵权案件高赔额[EB/OL].(2018-03-26)[2019-02-14]. http://www.ciplawyer.cn/html/spsb/20180326/138459.html?prid=447.

安德阿镆诉福建廷飞龙侵犯商标权及不正当竞争纠纷

报送单位：铸成律师事务所
撰稿人：司义夏　付同杰　陈林汉

本案在全球范围内影响巨大，是一起典型的国内小公司有预谋有计划地抄袭全球知名品牌，实施侵犯商标权及不正当竞争行为的案件。

本案被告为福建省内一家小型企业，名为福建省廷飞龙体育用品有限公司（下称"被告"或者"廷飞龙公司"）。其侵权品牌为"　　　"。被告为了推出并运营该品牌，处心积虑实施了一系列行为：首先，通过转让的方式获得了"Uncle Martian"商标（注册号为3951618）和"　　　"商标（注册号为15151285）。随后，又在香港成立了关联公司"安德玛（中国）有限公司"，其字号完全抄袭了原告的注册商标。被告以该公司名义开展商业宣传活动，以欺骗消费者，恶意"搭便车"。

2016年4月26日，被告在世界知识产权日当天，公然举办了盛大的产品推介会，用于介绍和推广其侵权品牌"　　　"。被告当场宣布，将在三到四个月之内，将标有侵权品牌的运动产品投放市场。被告的上述行为不仅引起了社会上的广泛关注,包括《纽约时报》《华尔街日报》等国际知名媒体在内的众多媒体对此都进行了连篇累牍的报道,还引发了全美服装行业协会的热议,给安德阿镆有限公司的品牌形象造成了极其恶劣的影响,对中国知识产权保护也造成了负面影响。

铸成律师事务所(下称"铸成")接受客户安德阿镆有限公司的委托之后,充分了解了客户的商业目标及维权需求,认真分析案情,精确拟定诉讼策略,细致、广泛、深入地收集证据,并迅速在福建省高级人民法院(下称"福建省高院")提起一审诉讼。通过铸成与客户及法院的充分沟通,最终成功说服福建省高院知识产权庭颁发了史上第二例临时禁令。该禁令及时并成功阻止了廷飞龙公司将标有侵权品牌" "的产品投放市场。在随后的庭审活动中,铸成代理律师庭前进行了大量准备工作,庭上全面驳斥了被告的答辩意见并充分阐述了原告的起诉理由和依据,庭后围绕庭审的焦点问题提交了详尽、有针对性的代理意见。最终,一审法院判决认定被告构成对原告的商标侵权和不正当竞争,判令被告停止侵权、消除影响,并判令被告赔偿原告经济损失含合理费用人民币 200 万元。

一、案情介绍

2016 年 3 月底,本案被告福建省廷飞龙公司与自然人洪清儿签订协议,约定洪清儿名下的注册商标" "(注册号为 15151285,第 25 类)转让给被告,且办理转让手续期间许可被告使用该商标;2016 年 4 月初,被告又与自然人马陈兵签订协议,约定将马陈兵名下的注册商标"Uncle Martian"（注册号为3951618，第25类）转让给被告，且办理转让手续期间许可被告使用该商标。随后，被告通过对两商标进行分拆、组合、改变显著特征的手段，使用与原告的主商标"[UNDER ARMOUR]"构成混淆性近似的侵权商标"[图]"。

为混淆消费者、恶意搭便车，2016年3月29日，被告股东黄灿龙在香港设立了安德玛（中国）有限公司，并以该公司的名义授权廷飞龙公司在中国大陆地区运营"Uncle Martian/安可玛汀"品牌。廷飞龙公司还通过微信平台在全国招募"Uncle Martian/安可玛汀"品牌的经销商。

在一切准备就绪之后，2016年4月26日世界知识产权当日，被告在福建晋江市召开名为"N品牌"的发布会，宣布将在大陆地区运营全新品牌"Uncle Martian/安可玛汀""[图]"，全新的Uncle Martian品牌鞋服产品将于三到四个月之内投放市场。此发布会一经报道，立即引起了全球范围的轩然大波。原告在中国的品牌形象和业务发展因此面临巨大的冲击和威胁。

二、代理技巧

为尽速阻止廷飞龙公司量产并销售其侵权产品，铸成拟定了如下诉讼策略：

第一，全局把握，从维权、确权多角度全面打击。

首先，本案中，铸成代理安德阿镆在提起诉讼的同时，对被告恶意受让的商标同时提起无效诉讼，并且获得成功。

其次，鉴于被告香港空壳公司"安德玛（中国）有限公司"

在本案中的欺骗误导作用，铸成建议客户向香港公司注册处投诉，要求撤销其侵权商号。通过此举，一方面能够支持在福建进行的民事诉讼，另一方面也尽可能地消除在消费者中造成的混淆影响。最终成功撤销被告空壳公司企业名称的注册。

第二，提供充分证据获得临时禁令支持。

由于被告即将实施大规模的侵权行为，情况紧急，必须采取措施以最快的速度制止侵权行为。铸成决定向福建省高院申请临时禁令。为此，铸成从以下四方面充分举证，请求福建省高院支持临时禁令的申请：其一，被诉商标与原告的主商标混淆性近似，被告的行为毋庸置疑构成侵权；其二，被告的大规模侵权行为即将发生，情况刻不容缓；其三，原告的安德玛系列商标已经在中国取得了很高的知名度，且目前仍处在业务拓展的关键期；其四，被告的侵权恶意极深，其行为理应受到法律的制裁。

第三，突出强调本案被告侵权的恶意及侵权情节的恶劣，获惩罚性赔偿人民币200万元。

由于本案庭审之时，被告的侵权产品尚未实际销售，因此高额索赔的直接计算基础不足。为了对被告的侵权行为予以重击并为权利人挽回损失，铸成在本案中主张了惩罚性赔偿。为此，铸成从以下方面进行了大量举证：其一，通过提交审计报告、经销协议、赞助协议、国家图书馆检索报告等证据，证明原告及其品牌在中国鞋服领域的极高知名度；其二，通过大量的调查公证，证明被告侵权的极端恶意；其三，通过详尽的举证，证明原告维权的巨大支出。最终获赔惩罚性赔偿人民币200万元。

三、心得体会

第一，本案被告精心谋划了侵权行为。

被告使用的被诉商标系通过分拆、重组的方式改变原注册商标的显著特征而生成，因此具备一定的权利基础，具有极强的欺骗性。这一事实很可能对法院认定侵权造成一定的干扰。作为被告宣传活动主体的香港空壳公司与原告极具混淆性。因其位于香港，对诉讼文书的送达造成了极大阻碍。

第二，制止侵权的急迫性。

被告宣称其 Uncle Martian 品牌产品将于三至四个月内在国内全面上市，其侵权行为处于一触即发的紧急状态。原告必须以最快的速度制止侵权行为并消除恶劣影响。

第三，可能存在的地方保护主义。

被告位于福建省晋江市。原告如果直接在晋江市起诉，很可能面临地方保护的问题。如何巧妙地选择管辖法院是需要原告特别关注的问题。

第四，原告承担巨大的社会舆论压力。

本案被告在世界知识产权日举行推介活动，此举在全球范围内引发了中外媒体的广泛关注，并为全美服装行业协会热议。因此，如若本案不能胜诉，将对原告安德阿镆的声誉及商业利益产生致命打击。

四、典型意义

第一，原告及其安德玛系列品牌作为功能运动服饰的领军企业和品牌，目前在中国正处于极速发展的关键时期。如果原告不能有效制止被告的侵权行为，其必将对安德阿镆造成重大损失和影响。

第二，本案在全球范围内，引发中外媒体及行业协会的广泛关注。铸成代理本案获得胜诉，及时矫正了被告实施的大规模宣传行为所引发的负面影响，维护了原告安德阿镆的国际形象及声誉。通过对这样一起复杂、典型的恶意侵权案件的成功代理，相关公众进一步认识到现阶段中国知识产权侵权的日益复杂，其对业界认识这一类复杂侵权形态具有借鉴意义。

第三，从此案审理的全过程可以看出，人民法院审理复杂知识产权侵权案件的能力和水平日益提高，其快速、公正的判决，彰显了人民法院的公平正义和勤政高效。在全球知识产权审判民族化倾向日渐严重的大背景之下，该案件的公正审理展现了中国政府高度重视知识产权保护、公正对待境内外当事人的良好国际形象，彰显了中国知识产权保护的司法环境得到了极大的改善，中国政府保护知识产权的能力和水平得到了极大提高。

第四，本案的胜诉有力遏制了国内"山寨风"抬头的趋势，该案件的公正审理将有助于增强外国公司在华投资和生产经营的信心。同时，本案也告诉我们，不管侵权人多么狡猾，只要权利人坚定不移地利用法律武器保护自己，正义就一定能够得到伸张，丑恶的东西就一定会被铲除。